Elogios para

el salto

"El precio de quedarse atrás es más alto que nunca. Coro nos muestra como progresar con nuestros propios esfuerzos y la ayuda de la tecnología".
—Rosana Ubanell, subdirectora de la revista *Nexos* y autora del bestseller *Volver a morir*

"Ariel Coro pone en nuestras manos una potente herramienta capaz de definir el éxito o el fracaso de nuestras vidas frente a los retos que la tecnología impone hoy en día".
—Raúl Peimbert, corresponsal *senior* de Univision

"Hay un alto costo en ignorar la tecnología. Ariel lo advierte y nos enseña cómo utilizarla para que nos aporte valor económico en un lenguaje sencillo, ameno y divertido".
—Xavier Serbia, autor de *La riqueza en cuatro pisos*

"No he conocido nunca a nadie que, como Ariel Coro, sepa explicar y comunicar la información que hace falta para que todos, incluso los que poco sabemos de tecnología más que cómo prender la computadora o escuchar mensajes en el teléfono, aprovechemos al máximo las herramientas que están a disposición para lograr nuestras metas personales y económicas. Lo más importante: nadie como él sabe inspirarnos a crecer tecnológicamente".
—Pilar Marrero, *La Opinión*

"Estamos viviendo en un mundo donde la tecnología va a separar a los ganadores de los perdedores. Ariel Coro ha escrito un libro que ofrece ejemplos claros, técnicas y recursos necesarios para alcanzar el éxito. No leer el libro le puede costar muy caro".

—Dr. Joachim de Posada, autor del bestseller internacional
No te comas el marshmallow... ¡todavía!

ARIEL CORO
el salto

Ariel Coro es el experto en tecnología más reconocido en la comunidad hispana. Su mensaje educativo llega a millones de hogares a través de la televisión, la radio, los periódicos y la Web. Gracias a sus iniciativas educativas, la tecnología ha dejado de ser un obstáculo para que millones de latinos avancen. Es un invitado habitual en *Despierta América* y el anfitrión de Tu Tecnología, un segmento de noticias que educa a las familias hispanas de manera entretenida e informativa. Su columna semanal es publicada y sindicada en los diarios *La Opinión* y *El Diario La Prensa*, entre otros muchos. Además, Coro es un reconocido conferenciante que ha comunicado su mensaje de educación tecnológica nacional e internacionalmente a algunas de las compañías más innovadoras e instituciones educacionales, y es el fundador de *TuTecnologia.com*, una comunidad en línea donde los hispanos aprenden, comparten y obtienen respuestas sobre temas relacionados con la tecnología.

www.libroelsalto.com
www.tutecnologia.com

el salto

el salto

· · · · · · · ·

Aprovecha las nuevas tecnologías y
alcanza tu potencial

Ariel Coro

VINTAGE ESPAÑOL
UNA DIVISIÓN DE RANDOM HOUSE, INC.
NUEVA YORK

PRIMERA EDICIÓN VINTAGE ESPAÑOL, FEBRERO 2012

Copyright © 2012 por Ariel Coro

Todos los derechos reservados. Publicado en los Estados Unidos de América
por Vintage Español, una división de Random House, Inc., Nueva York, y en
Canadá por Random House of Canada Limited, Toronto.

Vintage es una marca registrada y Vintage Español y su colofón son marcas
de Random House, Inc.

Información de catalogación de publicaciones disponible en la
Biblioteca del Congreso de los Estados Unidos.

Vintage ISBN: 978-0-307-94741-3

www.vintageespanol.com

Impreso en los Estados Unidos de América
10 9 8 7 6 5 4 3 2 1

A Daniel, Sebastian y Cosette.
Mi vida está completa por tenerlos a ustedes en ella.

agradecimientos

Escribir un libro es una tarea más difícil de lo que imagi-
naba hasta que me tocó hacerlo. Quiero agradecer a:

Isabel Malowany, mi editora estelar, por su dedicación
y sobre todo por su paciencia en ayudarme a convertir
mis pensamientos errantes en este libro que estás leyendo
ahora.

Diane Stockwell, gracias por tu orientación y por ver el
potencial de *El salto*. Sin ti, este proyecto no hubiera salido
a la luz. Jaime de Pablos, gracias por creer en nosotros.

A mis padres Arnaldo Coro y María Benítez, y a Berta
y Ramón Torres por su apoyo durante este arduo proceso.

A las personas que nos han ayudado a difundir nuestro mensaje educativo por los medios:

Juan José Cardona, Víctor Santiago y Aura Subuyuj, Norma Morato, Elena Ordóñez, Denise Dopazo, Marco A. Flores, Raúl Péimbert, Fabiola Kramsky, Eddie Alvarado, Patricio Núñez, Robert Yáñez, Luis Santiago, Magdalena Cabral, Carolina Núñez, Andrés Angulo, Ana Bautista y Carlos M. Perera.

A mis editores de *La Opinión:* Amelia Estades Santaliz y Pedro Rojas.

A Enrique Santos, Julio Ramirez y equipo.

A las personas que han creído en nosotros y nuestro mensaje: Ana Reyes, Héctor Galván, Tore Dietrich y su equipo, Christina González y Brian Osuna.

Steve Wright por su apoyo con las conferencias Tecnifícate y por ser uno de nuestros más fervientes partidarios.

A Dan y Julie Stav por su inspiración y por ayudarme a dar mis primeros pasos en el mundo de los medios.

A la comunidad de Tu Tecnología y a todos los colaboradores como Eclipse, Benítez, Pablo Navarrete, Marisela Félix, M.A. Durón, Otomí, Sergio Ángel, Steve Funes y todos los que no tengo espacio para agradecer por su apoyo y dedicación continua a educar y ayudar a nuestra gente.

Por último, a todas las personas que no mencioné pero que de una forma u otra hicieron que este libro fuera posible. Gracias, ustedes saben quiénes son.

el salto

introducción
Bienvenido al mundo híper conectado

Vivimos en un mundo caótico e inestable. Las guerras, la recesión económica, el desempleo, las crisis humanitarias y los desastres ambientales, convierten el simple hecho de sobrevivir en una tarea cada día más difícil.

En el mundo actual, la abundancia de información solo compite con la escasez de recursos. Los países desarrollados, como Estados Unidos, están evolucionando hacia una economía cerebral, donde la mayoría de los empleos en un futuro muy cercano serán únicamente para profesionales altamente calificados y conocedores de las últimas tecnologías.

En el siglo XVIII, en su obra maestra *El origen de las*

especies, Charles Darwin presentó al mundo la teoría de la selección natural, demostrando que la naturaleza promueve las especies más aptas para la supervivencia mientras que las que no se adaptan al cambio incesante, simplemente desaparecen. Este proceso de evolución se ha acelerado en la era de la información instantánea, donde las personas que pueden recibir información inmediata y procesarla tienen el control del mundo mientras que los demás están destinados a desaparecer.

En la película *Wall Street* de los años 80, el magnate Gordon Gekko declama: "La materia prima más importante que conozco es la información".

Esta información es la que nos va a salvar de las crisis que debamos enfrentar y con la cual tomaremos el control sobre las circunstancias, en vez de que estas nos controlen a nosotros. En otras palabras: saber es poder.

Tu futuro es ahora

Las herramientas tecnológicas que presento en este libro te ayudarán a dar un salto mental que te puede llevar muy lejos. No parece mucho, pero el mundo se transforma una idea a la vez. ¿De dónde vienen estas ideas? De personas como tú que quieren superarse y mejorar el mundo en el que viven. Aquí tendrás la oportunidad de descubrir nuevas ideas y ampliar las que ya tienes para poder crecer y prosperar.

Hoy en día existen industrias que se han inventado en menos de veinte años y que contribuyen a una gran parte de la economía mundial. Estas nuevas áreas de crecimiento representan conceptos tan nuevos que la mayoría de los gobiernos tiene dificultad para regularlas. ¿Qué quiere decir esto? Que si tú eres una de las primeras personas en adentrarte en un nuevo campo creciente y haces tu tarea correctamente, puedes obtener los beneficios de conquistar un área nueva e inexplorada. Habrás creado una ventaja muy lucrativa y competitiva en tu sector, seas mecánico, ingeniero, médico o peluquero.

¿Por qué necesitas este libro?

Este no es un libro de recetas de cocina que indica exactamente las cantidades de los ingredientes que debes mezclar para preparar un plato. Está creado para enseñarte a pensar y a descubrir por ti mismo la importancia y las ventajas de actualizarte y mantenerte al día en el mundo de la tecnología; y también para comprender las consecuencias negativas de no hacerlo.

No importa si llegaste a este país hace unos días o llevas mucho tiempo aquí, si no estás aprovechando las tecnologías de la información y las comunicaciones que tienes a tu alrededor, estarás perdiéndote una de las grandes ventajas del mundo desarrollado.

Cuando un inmigrante llega a los Estados Unidos tiene que superar varios obstáculos para integrarse a esta sociedad. Entre ellos se encuentran el dominio del idioma, del sistema de finanzas, y todas las complicaciones que conlleva el cambio social. Este proceso de adaptación puede tomar años, pero si aprendes a utilizar las tecnologías que están a tu alcance podrás lograr tus metas con mucha más rapidez.

Viniste a este país para progresar, no para pasar trabajo. Lo que vas a aprender en este libro te dará el impulso para lograr lo que deseas, tanto en los negocios como en el campo personal. Tu capacidad de generar dinero y proveer lo necesario para tu familia depende de tu iniciativa y habilidad para obtener nuevos conocimientos.

Este libro ofrece una serie de ejemplos, técnicas y recursos para ayudarte a alcanzar el éxito. Léelo en su totalidad, estudia y analiza lo que has leído, comienza a aplicarlo en tu vida diaria, y verás que te llevará a un camino más directo hacia el éxito.

Cada capítulo es independiente y trata sobre una manera específica de sacarle provecho a la tecnología, sea para financiar tu empresa o para obtener un mejor empleo. No es necesario leer este libro en el orden de los capítulos, pero sí es importante que visites y pruebes los recursos mencionados en cada capítulo para que experimentes directamente con ejemplos reales, los apliques a tus necesidades y los adaptes a tu situación personal.

¿Quién soy yo para escribir este libro?

Llegué a este país en 1995, a los dieciocho años, con apenas un nivel preuniversitario y hablando muy poco inglés. Todo comenzó en Cuba, apenas tres años antes, cuando fabriqué una antena parabólica casera para poder ver canales de televisión prohibidos por el gobierno. En aquella época, en Cuba había solamente dos canales de televisión, la mayoría de los televisores eran soviéticos... y en blanco y negro. Estos aparatos era tan buenos para ver televisión como lo es una lavadora de platos para hornear lasaña, pero bueno, era lo que había.

La televisión cubana en esa época consistía en dos canales que transmitían desde las 6 de la tarde hasta las 11 de la noche. Uno de los canales llamado Tele Rebelde (el nombre lo dice todo), era exclusivamente de propaganda donde se enseñaba acerca de todo lo malo que había en el mundo (las guerras, las hambrunas), se acusaba a los enemigos del régimen, y se reflexionaba sobre cómo pensar. Por supuesto, cuando no se hablaba mal de alguien, se elogiaban todos los esfuerzos de las industrias del país, que mágicamente, o por lo menos en ese canal, siempre sobrepasaban sus metas de producción. En el otro canal había un presentador calvo mirándote y diciéndote: "¿Qué haces aquí? ¡Cambia para el otro canal ahora mismo!"

Para mejorar la economía en ruina de la isla, el gobierno decidió abrir las puertas del país al turismo. Muy pronto, los dirigentes se dieron cuenta de que había que proveerles entretenimiento e información a los turistas y comenzaron a ofrecer diez canales de televisión solamente para los visitantes extranjeros en los hoteles. Para impedir que el pueblo cubano tuviera acceso a estos canales, entre ellos CNN, MTV y HBO, considerados "contra revolucionarios" por el régimen, la señal era transmitida en una frecuencia que solamente podía ser captada con una antena parabólica. De más está decir que no se podía entrar en una tienda y comprar una dichosa antena parabólica en todo el país.

Si la necesidad es la madre de la invención, entonces la actitud para resolver los problemas tiene que ser el padre. Los habitantes de países del primer mundo, y hasta del tercero, tenían acceso a cosas que en Cuba en esos momentos eran imposibles y hasta inconcebibles... como acceso a la televisión libre.

Determinado a poder ver los mismos canales que disfrutaban los turistas, comencé a experimentar. Después de muchas pruebas, logré construir una antena parabólica de alambrón, utilizando una lata de café para recibir la señal. La curiosidad y el sabor de lo prohibido me obligaron a perseverar, y en pocas semanas, tenía en mi casa los tan deseados diez canales.

El acceso a la información libre me abrió la mente y amplió mi perspectiva. Tres años después estaba en un avión rumbo a los Estados Unidos, un país completamente diferente al mío, donde tuve que aprender de todo, desde cómo cepillarme los dientes hasta a utilizar un cajero automático.

Quería salir adelante en mi nuevo país adoptivo, pero para ello era imprescindible trabajar y estudiar simultáneamente. No podía darme el lujo de ir a una universidad, así que busqué el camino directo a través de la tecnología. Estudié incesantemente y me certifiqué en varias áreas importantes de tecnologías nacientes. Solo unos años después, ganaba más dinero de lo que jamás podría haberme imaginado trabajando como consultor para varias empresas como Cisco Systems, Disney, Mattel, y hasta la agencia que opera el telescopio espacial Hubble.

Llevo varios años presentando un segmento de noticias por Univision en varias ciudades de los Estados Unidos, escribo una columna para *La Opinión* de Los Ángeles, el diario en español con mayor circulación en todo el país, y he logrado transmitir mi pasión por la tecnología a millones de televidentes a través de mi participación en programas como *Despierta América, Sábado Gigante, Clix* de CNN, y otros. También soy el fundador de *TuTecnologia.com*, una comunidad en línea con recursos útiles para aprender sobre la tecnología y sus múltiples aplicaciones.

La tecnología me ayudó a dar *el salto* para lograr mis sueños. A través de este libro deseo que tú también puedas lograrlo. Este es un manual de supervivencia para los tiempos modernos que te permitirá dar *el salto* personal que necesitas para triunfar. ¿Estás listo para comenzar?

1
...
motívate

"Nunca dejes que te intimiden a quedarte callado, nunca dejes que te conviertan en una víctima. Nunca aceptes la definición de otras personas sobre cómo debes vivir tu vida. Defínela tú mismo".
—HARVEY FIERSTEIN

"Piensa por ti mismo y concédele el mismo privilegio a los demás".
—VOLTAIRE

Nadie puede detener el progreso. De hecho, la tecnología evoluciona a un ritmo cada vez más acelerado. Según Kevin Kelly, un estudioso de la tecnología, en el siglo XIX hubo más adelantos tecnológicos que durante todos los siglos previos en la historia de la humanidad. Y en solamente los primeros veinte años del siglo XX hubo más adelantos que en todo el siglo XIX. A este ritmo, en el siglo XXI, tendremos un progreso tecnológico mil veces mayor que el del siglo anterior. ¿Estás preparado para enfrentarte a este cambio?

Cada día que pierdes desconociendo los avances tecnológicos representa semanas que te llevará actualizarte. Cada mes que pierdes representa años que necesitarás para mantenerte al día. Cada año que pierdas será imposible de reemplazar, ya que cuando hablamos de tecnología, hay que medir el crecimiento de manera exponencial.

¿Qué es el crecimiento exponencial?

Los seres humanos piensan linealmente, en suma y en secuencia, por eso nos puede costar trabajo entender el desarrollo súper rápido del mundo de la tecnología que funciona en múltiplos.

Gordon Moore, un ingeniero de Intel, predijo que la capacidad de procesamiento se iba a duplicar cada dieciocho meses, y a la misma vez, el precio de los productos tecnológicos se iba a reducir a la mitad. Esto es debido a la miniaturización creada por el avance en los materiales y técnicas de fabricación sumado a la consecuente bajada en el precio de los mismos. Cada dieciocho meses se pueden instalar el doble de transistores en un circuito por la mitad del precio. ¿Qué significa esto para ti?

Como consumidor, esto es una ganga: hoy en día puedes comprar una computadora o equipo electrónico que es miles de veces más rápido, con más memoria, y con muchísimo más espacio que hace solo dos años, por una fracción del precio. Esta ley se aplica tanto a los circuitos integrados como a los procesadores, pero tendencias similares hacen que los otros componentes sigan bajando de precio, desde discos duros con capacidades gigantescas hasta cámaras fotográficas que ya tienen censores con suficiente resolución para tomar fotos con calidad cinematográfica en alta definición.

Para apreciar este fenómeno del crecimiento exponencial, te voy a contar una historia que aprendí de muchacho: la fábula del maestro de ajedrez.

Un rey muy poderoso desafió a un anciano y sabio maestro de ajedrez a una partida. Después de días jugando un juego muy intrincado, el rey perdió y le pidió al anciano que escogiera su premio. Podía ser lo que quisiera de su reino, ya que después de tal derrota nada más tenía significado para él. El rey, que gobernaba un reino próspero y extravagante tenía fama de ser muy tacaño, pero también de ser hombre de palabra.

El anciano sabía que el rey no iba a comprometerse a un gran botín y que en ese momento sus sentimientos estaban heridos. Por eso, le propuso una simple fórmula para recibir su recompensa.

—Su majestad —le dijo—, yo solo quiero recibir mi recompensa en granos de arroz.

Y el rey respondió afirmando con la cabeza, ya que la propuesta del anciano sonaba humilde.

—Vamos a tomar este tablero de ajedrez —dijo el anciano—. Hoy, usted me da un grano de arroz por la primera casilla del tablero de ajedrez, mañana vengo a buscar dos granos por la segunda casilla, y pasado mañana, cuatro por la tercera, luego ocho por la cuarta y así hasta que lleguemos a la última casilla, la casilla número 64.

El rey se sonrió y pensó: "Este tonto anciano no tiene idea del valor de nada y me voy a liberar de él con solo unos granos de arroz. El anciano visitaba el palacio todos los días para recolectar la cantidad exponencial de sus granos de arroz, hasta que pronto los sirvientes del granero del rey fueron a verlo alarmados".

—¿Qué pasó? —dijo el rey.

—Su majestad, el anciano ha estado viniendo todos los días a recolectar su cantidad de arroz. Al principio eran solo unos granos, pero al pasar los días se nos está volviendo una tarea imposible. Muy pronto no va a haber suficientes granos de arroz en todo el reino para pagar su deuda con el anciano.

El rey todavía no entendía el problema hasta que el administrador del granero le indicó la cantidad de granos que iban a hacer falta: 18.446.744.073.709.551.615 granos de arroz. Eso era más que el arroz de todo su reino y de todos los reinos vecinos. De hecho, es más arroz de lo que ha producido la humanidad desde su existencia.

Este número no es sorprendente cuando nos referimos al crecimiento exponencial contra el crecimiento lineal. Si se hubiera crecido linealmente, solo se hubiera añadido un grado por cada casilla, y la suma sería de 64 granos de arroz en vez de ese número gigantesco que hasta cuesta trabajo pronunciar.

No me acuerdo el final de la historia, pero podemos imaginar que el rey no se puso muy contento cuando se enteró del truco del anciano. La lección de esta fábula es sencilla y fundamental: en el mundo del avance tecnológico que nos rodea, necesitamos aprender a pensar exponencialmente, porque estas son las reglas que gobiernan el nuevo mundo en que vivimos. Debido a esta velocidad de crecimiento, las consecuencias son mucho más profundas.

En su libro *The Singularity is Near,* el inventor Ray Kurzweil explica que si seguimos avanzando a esta velocidad, vamos a necesitar integrarnos físicamente con las tecnologías para poder lidiar con nuestro ambiente. Este no es un concepto nuevo, de hecho hemos utilizado la tecnología para aumentar nuestra capacidad por siglos. Hemos construidos herramientas que nos ayudan a aumentar nuestra fuerza y la capacidad de nuestros sentidos, desde una pinza que se vuelve "parte" de nuestra mano para poder apretar una tuerca, hasta los binoculares que utilizamos para aumentar nuestro sentido de la visión. Sin embargo, las tecnologías que menciona Kurzweil parecen cosas de ciencia ficción, pues señalan que prácticamente nos vamos a convertir en autómatas.

Estos cambios tecnológicos dramáticos ya están ocurriendo bajo nuestras narices y, si no comenzamos a educarnos sobre este nuevo mundo del mañana cercano, las consecuencias pueden ser catastróficas.

¿Cuáles son las consecuencias de este desarrollo súper acelerado?

El futurólogo Alvin Toffler elaboró un concepto en los años 70 al cual llamó "shock del futuro". Toffler lo define como un estrés aplastante y una desorientación que afecta a las personas al exponerlas a muchos cambios en un corto período de tiempo. Hoy en día, el progreso tecnológico se alimenta de su propio éxito, y mientras más tecnología existe, más rápidamente avanza. Es una avalancha tecnológica que es imposible de controlar y que puede causar un gran nivel de frustración.

Yo creo que ya estamos viviendo ese futuro pronosticado por Toffler. Lo voy a renombrar "*shock* del presente", porque el presente de hoy no es más que una versión del futuro previsto del ayer. Hoy todavía no viajamos en autos voladores, ni vivimos en ciudades en las nubes, ni tenemos robots personales, pero un periódico de nuestra era contiene más información que la que estaba al alcance de una persona a lo largo de toda su vida en siglos anteriores. En estos tiempos modernos, con sólo un clic tienes acceso a bases de datos donde se acumulan conocimientos adquiridos a lo largo de muchos siglos, pero... ¿estamos aprovechando estos recursos para nuestra ventaja?

La oportunidad creada por el desarrollo del Internet

Te vendo el Internet. ¿Me lo quieres comprar? Ya sé que me vas a decir... "Ariel, el Internet no es de nadie, ¿cómo lo puedes vender?" Fuera de juegos.... ¿sabes cuánto valdría el Internet si lo fueras a comprar?

Es una pregunta que es prácticamente imposible contestar. Podemos hacer estimados, crear fórmulas y ecuaciones para estimar su valor total, pero es un medio demasiado complejo. En un estudio reciente realizado por McKinsey & Company, se cuantificaron las ventajas del Internet en una variedad de sectores en trece países y las conclusiones fueron impresionantes.

Cada año, casi 8 trillones de dólares ($8.000.000.000.000) cambiaban de manos a través de los sistemas de *e-commerce,* es decir, en ventas y transacciones a través del Internet. Los Estados Unidos consolidan un 30 por ciento de ese monto, y si fueras a convertir esta suma en billetes de un dólar colocándolos en línea tocándose las puntas, crearías un cordón que llegaría al sol y regresaría a la tierra. Es más dinero de lo que generan muchas industrias, incluyendo la industria del cine creada por Hollywood.

El Internet no se hizo popular hasta hace sólo quince años, pero ha generado más industrias más rápidamente que la Revolución Industrial. Prácticamente todas las industrias hoy en día dependen directa o indirectamente de este fenómeno que no estaba disponible al público en los años 80. Estos avances significan millones de nuevas posiciones que necesitan habilidades y entrenamiento especializado para estos nuevos campos que se siguen expandiendo. Según este estudio, teniendo en cuenta que fue realizado en varios países e incluyendo muchos sectores económicos, los negocios que aprovechan este medio crecen el doble que sus competidores y también exportan el doble que los mismos.

Recientemente tuve una conversación con una persona que estaba convencida de que el auge de la tecnología sólo lleva a la eliminación de empleos, y que gracias a los desarrollos tecnológicos se pierden más trabajos de los que se crean. Esta es una percepción común, pero este estudio logra aplacar el mito de que el Internet es un medio que mata a los empleos. Es verdad que los empleos se transforman para adaptarse a los nuevos medios, pero al contrario de la percepción popular, el estudio encontró que por cada trabajo que se perdió en industrias tradicionales, como la industria de los servicios, fueron creados 2,6 nuevos empleos. Estos nuevos empleos tienen una gran probabilidad de ser bien remunerados, pero para obtenerlos hay que tener calificaciones que se adapten a estos nuevos medios.

Es verdad que los avances tecnológicos a nuestro alrededor nos han hecho más eficientes, y esto ha llevado a la eliminación de algunas posiciones. Según la Oficina de Estadísticas de los Estados Unidos, los trabajadores en el

campo de los negocios al principio del siglo XXI son aproxi-
madamente 30 por ciento más productivos que los de 1998.
Por ejemplo, los ingenieros de software de hoy en día son
en promedio un 200 por ciento más productivos que hace
solamente diez años gracias al desarrollo de nuevas herramientas. Eso quiere decir que hoy un programador tiene
capacidades equivalentes a las de tres a cinco programadores del año 2000. Esto conlleva a la siguiente pregunta:
¿a dónde van esos puestos que se eliminan debido a esta
productividad y eficiencia?

Por ejemplo, los metros de electricidad están siendo
reemplazados por metros inteligentes que se pueden controlar desde la misma compañía de electricidad. Esto eli-
mina la posición del lector de metros que pasa por la casa,
pero a su vez, le ahorra millones de dólares a la compañía de electricidad que a su vez puede invertir en energías
renovables. Aquellas personas que ya están familiarizadas
con la industria pueden hacer una transición al campo de
energías renovables, como las energías eólica, solar y geo-
térmica, y el campo de la eficiencia energética. Según un
análisis de *Google* en su propuesta *Clean Energy 2030,* se
podrían crear 9 millones de nuevos empleos solamente en
el campo de la eficiencia energética y energías renovables
en los Estados Unidos.

Una función importante de este relativamente nuevo
medio del Internet es que propulsa la modernización económica de los países que la emplean activamente, ya que
la mayoría de las industrias se han beneficiado del Internet
de una manera u otra. En los 13 países en que se realizó
este estudio, el Internet contribuyó en promedio al 3,4 por
ciento del Producto Interior Bruto de esas naciones. Estas

cifras son más significativas que la contribución de industrias tradicionales como la agricultura.

Ponte a pensar: Microsoft no existía hace cuarenta años y hoy en día emplea a más de 60 mil personas globalmente. *Google* no existía hace veinte años y está creciendo a una velocidad impresionante. Estas dos compañías solamente han generado una cantidad de empleos en sus oficinas y para las personas que les proveen servicios, pero más importantemente aún, han empleado a millares de programadores que trabajan con el software desarrollado por estas empresas, así como a abogados, contadores y trabajadores en la industria de servicios que ahora dependen de ellos. *Facebook* y *LinkedIn,* compañías que están valoradas en los miles de millones de dólares, además de muchas otras nuevas plataformas, no existirían si no fuera por el Internet.

Es verdad que parece el fin del mundo cuando se están eliminando trabajos que pronto serán obsoletos, pero estos ciclos naturales nos obligan a crecer y a desarrollarnos. Tu seguro contra la obsolescencia está en tus manos. Este es un buen momento para analizar estos campos nuevos y unirte a esta ola creciente. Nunca es tarde para incorporarse a la economía digital, solo hace falta voluntad y disposición para aprender. Como decía el general MacArthur: no hay seguridad, sólo oportunidad.

¿Será que nos estamos volviendo obsoletos?

El estado de *shock* del presente afecta a miles de personas cuando quieren adentrarse en nuevos campos laborales y de negocios. Hay tanta información a nuestra disposición que en muchos casos, en vez de ayudarnos a tomar decisiones más eficientemente, nos sentimos inundados por las posibilidades y esto se convierte en un problema.

Hay un término que viene del mundo de la psicología llamado "la parálisis por el análisis". En su libro *The Paradox of Choice: Why More Is Less,* el autor Barry Schwartz muestra la insatisfacción que crea el tener muchas opciones a la vez. El libro explica que cuando nos enfrentamos a muchas opciones simultáneamente, los humanos nos bloqueamos porque nos cuesta trabajo entender todas las posibilidades y tenemos miedo de tomar una decisión errónea. Por este motivo, muchas veces tomamos la decisión de... no decidir.

Cuando llegué a los Estados Unidos al final de mi adolescencia, a mediados de los años 90, uno de mis primeros trabajos fue de vendedor en el departamento de computadoras de una tienda que ya no existe (no por mi culpa) llamada Incredible Universe. Este lugar era majestuoso, un coloso de la electrónica, la computación y la tecnología. Al entrar por su puerta, una persona que no estuviera familiarizada con este mundo, que entonces era todavía más nuevo que hoy en día, entraba en un estado de *shock*.

Por mucho tiempo me tocó responder a las preguntas iniciales de clientes que poco después de entrar en la tienda se sentían completamente abrumados por tener tantas opciones a su disposición.

Una de las preocupaciones más comunes de los clientes era que si tomaban la decisión de comprar una computadora se iban a sentir mal dentro de seis meses, porque en ese tiempo se habrían producidos tantos modelos nuevos que su computadora sería entonces obsoleta. Yo, por mi parte, les hacía una pregunta muy sencilla. "¿Tú crees que tu cerebro va a ser obsoleto en seis meses?" A lo que me respondían con un afirmativo... NO. "Entonces, deja de preocuparte por lo que va a pasar dentro de seis meses y aprovecha este tiempo para aprender algo nuevo y para ser más productivo en el presente".

Hoy en día, cuando compramos un equipo, ya sea un teléfono inteligente, computadora, tableta, automóvil, refrigerador, etc., si estamos pendientes a las noticias vamos a ver que anuncian un "nuevo" y "mejor" modelo en lo que parece ser instantes después de que tomamos una decisión y gastamos nuestro dinero. Esta inquietud no es nueva, de hecho es un concepto que se inventó por la industria automotriz en los años 20, conocido como la "obsolescencia planificada".

A principios del siglo XX, la industria automovilística estaba en pañales, los automóviles no solo eran primitivos, caros e inaccesibles para muchas personas, sino que eran ineficientes, ruidosos y un gran dolor de cabeza. Henry Ford, el pionero de esta industria, fue sobre todo aclamado por su invención de la línea de ensamblaje, en la que cada obrero se especializan en una sola función específica, como por ejemplo poner puertas, mientras que el automóvil se va deslizando entre obrero y obrero para que cada uno lo vaya ensamblando poquito a poco. Este adelanto aumentó increíblemente la eficiencia en el proceso de fabricación y, hoy en día, las grandes fábricas no son más que unas tataranietas de la invención de Henry Ford.

Ford era famoso por ser cabezón y testarudo, pero una de sus grandes innovaciones fue imponer su idea de construir un producto de calidad sin enfocarse en los lujos ni en las comodidades. Él quería que su modelo "T" o "Lizzie de Lata", como llamó a su súper exitoso automóvil, fuera asequible para las masas y un producto increíblemente duradero. Por supuesto que podías comprarlo en cualquier color, siempre que fuera negro, ya que, al ser un ingeniero de carrera, no concebía por qué alguien necesitaría un automóvil de otro color. Además, los ahorros que lograba con esta uniformidad eran impresionantes. Ford logró su misión de vender cientos de miles de automóviles y por muchos años tuvo la ventaja competitiva. El primer automóvil de muchas familias norteamericanas fue un Ford.

Desde los finales de la primera década del siglo xx hasta el principio de los años 20, otra compañía llamada General Motors tuvo problemas para competir con Ford. Sus automóviles en aquel entonces tenían problemas mecánicos y por lo general no ofrecían el valor por el dinero que ofrecía su competencia.

En aquel entonces General Motors estaba en crisis (no sé por qué suena familiar este término) y la junta directiva de la compañía contrató a un joven llamado Alfred P. Sloan para que se hiciera cargo del negocio. Al principio, Sloan se rompió la cabeza tratando de competir con Ford en cuanto a calidad, pero en el proceso descubrió algo que hoy en día los fabricantes de todas las industrias todavía aplican exitosamente.

Sloan se dio cuenta que si no podía competir contra Ford en calidad, tendría que enfocarse en el diseño. General Motors comenzó a producir modelos más estilizados, en otras palabras, más modernos y bonitos, mientras Ford permanecía atascado con su modelo T negro. El público acogió los cambios de estilo y las ventas de General Motors mejoraron considerablemente. Por supuesto, con los años mejoró la calidad de sus motores también, pero la decisión de enfocarse en el diseño representó una ventaja competitiva que, por poco, lleva a Ford a la bancarrota.

La lección era clara: las personas estaban dispuestas a cambiar de automóvil basados en el diseño y no necesariamente en el valor por su dinero. Sloan logró su objetivo y General Motors prosperó. Según narra Giles Slade en su libro *Made to Break: Technology and Obsolescence in America,* al referirse a la competencia entre Alfred Sloan y Henry Ford, la obsolescencia psicológica es más efectiva que la obsolescencia tecnológica. Esto se debe a que es más fácil y barato hacer cambios cosméticos que cambiar el diseño mecánico de las partes que no se ven. Por esta razón, todos los años los fabricantes de automóviles sacan al mercado su "modelo del año" y así crean la sensación de obsolescencia de los modelos de años pasados. No te confundas, los modelos nuevos tienen adelantos tecnológicos, pero el auto del año pasado todavía te puede llevar a donde necesitas llegar.

Otras industrias aprendieron la lección de Alfred P. Sloan, especialmente la industria de la computación y los artefactos tecnológicos que nos rodean (teléfonos, televisores, etc.). La tecnología se mueve tan rápidamente que cuando compras algún equipo nuevo, en unos pocos meses es "obsoleto" debido a que enseguida salió al mercado algo novedoso y más avanzado, con más memoria, con más capacidad y, por supuesto, generalmente más bonito y por una fracción del precio original. ¿Qué estamos haciendo con estos ahorros y avances increíbles? Desafortunadamente, en muchos casos... absolutamente nada. Estamos jugando, mirando fotos de celebridades por el Internet y mandándonos videos graciosos que resultan en una gran pérdida de tiempo, cuando podríamos poner esos recursos en función de actividades más productivas. Es relativamente fácil utilizar todo este desarrollo solo para nuestro entretenimiento, pero aquí te voy a enseñar cómo sacarle verdadero provecho.

Por eso no debes preocuparte tanto a la hora de comprar una computadora, teléfono inteligente, tableta, o lo que sea. El progreso es imparable y los adelantos tecnológicos van a seguir saliendo al mercado, pero siempre que tengas un equipo que resuelva tu problema, no debes de preocuparte tanto por lo que no tienes o lo que vas a dejar de tener. La verdadera preocupación es que si continúas esperando para tomar una decisión, puedes quedarte sin hacer nada.

Rompiendo la barrera digital

Si alguna vez visitas Washington, D.C., cuando entres por la puerta principal del Smithsonian National Air and Space Museum, camina unos pasos hacia el salón principal y allí, colgando del techo y sostenido por rígidos cables de acero, encontrarás el *Glamorous Glennis,* la prueba de que casi nada es imposible. Este avión anaranjado que parece una nave espacial gordita y con alas pequeñas, parecida a las que salían en las películas antiguas de Flash Gordon, rompió la barrera del sonido por primera vez el 14 de octubre de 1947, bajo el mando del famoso piloto de pruebas Chuck Yeager. ¿Por qué fue tan importante esta hazaña?

Durante la Segunda Guerra Mundial existía un mito que era creído por la mayoría de las personas en la industria de la aviación. Se pensaba que la barrera del sonido llamada Mach 1 era imposible de sobrepasar en avión. Cuando los aviones de la época se acercaban a esta velocidad, los controles comenzaban a fallar y la nave empezaba a saltar y a vibrar fuertemente. Este problema causó la muerte de más de un piloto y muchas personas juraban que no tenía solución.

La tecnología en el campo de la aviación en esos años era extremadamente avanzada, si se comparaba con la existente solo cuarenta años atrás, cuando los hermanos Wright construyeron el primer avión motorizado en Kitty Hawk, Carolina del Norte. El avión de los Wright, que parecía un papalote, voló solo unos metros y era casi imposible de controlar. Compararlo con los aviones de hoy en día sería como comparar a una computadora antigua que ocupaba el espacio de un cuarto completo con una laptop, que tiene miles de veces más capacidad de procesamiento y cabe en el bolso.

Por supuesto, después de que Chuck Yeager logró romper esta barrera, se abrieron las mentes y las posibilidades de diseño de nuevos aviones, trazando el camino para que ingenieros y diseñadores comenzaran a hacerse una pregunta que cambió la historia de la aviación. En vez de cuestionarse si era posible romper esta barrera, comenzaron a preguntar: ¿Cómo podemos hacerlo mejor? En unos pocos años, no solo se rompió esta barrera sino que se construyeron aviones que llegaban a velocidades tres y cuatro veces superiores. Hoy en día, la barrera del sonido ya no es una barrera. De hecho, en el 2011, se experimentaron nuevos modelos de aviones que superan la barrera del sonido veinte veces, y que teóricamente, podrán volar desde Nueva York hasta Los Ángeles en solo 12 minutos. Yo sé que parece increíble pensar que esto un día será posible, pero esto es lo mismo que pensaron los escépticos antes del famoso vuelo de los hermanos Wright, o antes de que se pudiera cubrir esa misma distancia sentado a bordo de un "tubo de metal con alas" en cinco horas, algo que hoy en día es completamente normal.

La barrera digital es la barrera del sonido de nuestros tiempos. Es la brecha que existe entre las personas que tienen acceso a los nuevos medios de las tecnologías informáticas, como computadoras y el Internet, y aquellos que tienen acceso limitado les resulta imposible llegar a ellas debido a su situación social o económica. Pero la barrera que más me preocupa es la barrera mental. No cabe duda de que la barrera mental es peor que la barrera digital, ya que muchas personas tienen la posibilidad de acceder a todas las tecnologías del progreso, pero piensan que no pueden aprender. ¿Eres tú una de ellas? Estas personas limitan su posibilidad de avanzar por el simple miedo a intentar aprender algo nuevo, y por consecuencia, se van quedando atrás.

La nueva revolución tecnológica

Gracias a esta nueva revolución tecnológica, el acceso a la educación y los medios de producción digitales son más baratos y se encuentran a nuestro alcance. Ahora tenemos recursos que las generaciones que nos precedieron jamás hubieran soñado con tener. Pero como sucede con todo lo nuevo, todavía no hemos aprendido a aprovechar estos avances.

Imagínate que eres un campesino y tu trabajo es arar 100 acres de tierra. Si lo haces con una herramienta manual, te demorarás una semana. Si lo haces con un buey, te demorarás un par de días, pero si lo haces con un tractor, te demorarás solo unas horas. Al final, es la tecnología la que te está proporcionando la productividad para crecer como nunca antes y, a su vez, esta productividad es la madre de la riqueza. Nuestro tiempo es extremadamente limitado y podemos tomar dos caminos: hacer las cosas a la antigua, con la guaca o con los bueyes, consumir el tiempo, redoblar los esfuerzos y no alcanzar los resultados óptimos; o podemos subirnos al tren del progreso, aprender sobre los nuevos recursos a nuestra disposición y salir adelante.

La democratización de los medios de producción digital

Los medios de producción digital están al alcance de prácticamente todo el mundo. Este es un concepto que fue dado a conocer por Chris Anderson, el editor de la revista *Wired*. Hoy en día, un muchacho sentado en su cuarto con una computadora puede competir con un estudio de Hollywood al crear una película utilizando los nuevos medios de producción digital, y una vez realizada, puede distribuirla a través del Internet. Si has visto películas realizadas por aficionados como *The Blair Witch Project* y, recientemente, *Paranormal Activity*, te darás cuenta de que fueron hechas con presupuestos risibles, comparados con los grandes presupuestos de los estudios de Hollywood, pero eso no impidió que estas películas fueran increíbles éxitos taquilleros. No creas que los ejecutivos de los grandes estudios no le temen a esta nueva tendencia. De hecho, están aterrorizados.

Yo tengo un estudio de producción de televisión que cabe en mi maleta de mano. Consiste en una cámara de video que cuesta $3.500, una laptop que tiene ya varios años y costó alrededor de $3.000, un micrófono inalámbrico, unas luces y un programa de edición. Por menos de $10.000 produzco y edito mi segmento televisivo que es transmitido por algunos de los noticieros más grandes del país y visto por millones de personas. ¿Te parece caro? Hace diez años un equipo para editar costaba alrededor de $100.000 y una cámara similar me hubiera costado $35.000. En vez de poder subir mis ficheros digitalmente a las estaciones televisivas y que ellos los reciban instantáneamente, hubiera necesitado gastarme otros $2.000 en una consola de cinta para grabar el producto final y mandarlo por correo para que llegara dos días después.

Para producir mi programa, también hacía falta un editor, es decir un técnico que supiera trabajar con el complicado programa de edición "profesional" y que me hubiera cobrado miles de dólares para crear mi segmento noticioso. Hoy en día, yo logro hacer todo esto con equipos que caben en mi maleta de mano y por una fracción de lo que costaba hace solo diez años. Pero más importante aún, hace apenas unos años atrás, estos equipos simplemente no existían. Por menos de cien dólares puedes comprar una tarjeta de procesamiento gráfico que no hubiera sido posible comprar hace diez años por un millón.

¿Qué significa esto para ti?

Sencillamente, las consecuencias de ser ignorantes o estar desconectados en el campo tecnológico en esta nueva sociedad nos harán pagar un precio más alto que nunca. Es necesario aprender a dominar las tecnologías básicas solamente para sobrevivir en este nuevo mundo, para poder mantener nuestro nivel y calidad de vida. Esto es imprescindible para avanzar sin importar la profesión en la que trabajas o la que quieras ejercer. Los conceptos de educación del siglo xx han evolucionado y, hoy en día, no hay otra opción que aprender a instruirnos de una manera constante, persistente y portátil, para que no se nos escape el tren del progreso. Posiblemente, esta sea la mayor oportunidad que ha sido puesta a los pies de muchas generaciones.

Venciendo el miedo

No hay duda de que si queremos tener empleo seguro en el futuro tenemos que estar al día con la tecnología pero... ¿Por dónde empezamos?

Lo primero que tenemos que modificar es nuestra actitud y la manera en que enfocamos el problema. Constantemente estoy respondiendo a preguntas relacionadas con la tecnología que son simples, pero que parecen ser increíblemente complicadas para algunas personas. ¿Por qué? Sencillamente porque no leen las instrucciones ni hacen el esfuerzo de encontrar las respuestas en un motor de búsqueda como *Google, Bing* o *Yahoo*. Lo que me están preguntando está literalmente bajo sus narices, pero no se dan cuenta. Pareciera que están predispuestos a creer que no lo van a entender, así es que, ¿para qué intentarlo? Esta actitud resulta en una aversión a la tecnología en general que les puede costar más de lo que se imaginan.

Yo sé que me vas a decir: "Ariel, ¿estás hablando en serio? ¿Cómo puede el hecho de leer las instrucciones o sencillamente hacer una búsqueda cambiar mi actitud hacia la tecnología?". A lo cual respondo: "Esto es una gran parte de lo que yo he hecho en mi carrera en este campo, y he resuelto problemas que incluyen desde arreglar un teléfono celular hasta configurar los sistemas de computadoras corporativos que son responsables de asegurar millones de dólares en transacciones por hora".

En vez de entrar en pánico, me siento y abro el libro, el navegador, o lo que sea que me pueda hacer entender el problema antes de darme por vencido. Mi abuelo, que era médico, decía... "Diagnostique, aunque cure con estiércol". En su carrera vio este problema demasiadas veces: otros médicos trataban de curar enfermedades sin investigar su causa y, por lo tanto, no tenían éxito en el tratamiento. Después de todo, los doctores pueden enterrar sus errores pero a ti te toca vivir con ellos.

Tenemos que adoptar la mentalidad de entender y diagnosticar el problema antes de tirar la toalla para así, poco a poco, poseer la actitud progresiva que nos va a llevar a donde queremos mucho más rápido. Es necesario perderle el miedo a la tecnología y darnos cuenta de que nuestras computadoras, celulares, y otros equipos electrónicos son cada vez más avanzados, pero también son una parte fundamental de nuestras vidas que no podemos ignorar. Hay que quitarse el terror a romper el dichoso aparatito y hasta cierto punto tomarlo como un juego, como algo que puedes conquistar. Si tienes alguna dificultad con este consejo, consulta al siete añero más cercano. Todavía no he visto a ningún niño con problemas en este departamento.

Adaptándonos y prosperando con el cambio

Hace solo un siglo, la electricidad era una tecnología naciente. De hecho, las industrias estaban situadas cercanas a los ríos para poder generar su propia energía con molinos de agua. Los inventores Thomas Edison y George Westinghouse empezaron a convencer al mundo de que comprar la electricidad generada por sus compañías especializadas era más fiable y económico que generarla uno mismo. Desde entonces, el mundo ha dado muchas vueltas y, hoy en día, no sabemos sobrevivir sin este recurso fundamental en nuestra vida cotidiana.

Al inicio de este cambio, había muchísimas personas que se oponían y le tenían terror al progreso que traía la electricidad. Pensaban que era muy cara y que las velas eran más naturales, o cualquier otra excusa que te puedas imaginar. Al tomar esta actitud, rehusaron ser parte de una ola inevitable de desarrollo que eventualmente dominaría el mundo. En consecuencia, las organizaciones y personas que aprovecharon sus beneficios tempranamente, fueron mucho más exitosas que las que no evolucionaron.

Hoy en día, es inconcebible no tener acceso a la electricidad en un país desarrollado, pero si te pones a pensar, hay una cantidad de tecnologías que se están convirtiendo en la nueva "electricidad". ¿Vas a ser tú una de esas personas que le dijo no a la electricidad o te vas a unir a la ola del progreso? Para ello deberás aprender a usar, interactuar, manejar y programar estos aparatitos y aplicaciones que están revolucionando el mundo. Espero que elijas dar el salto para comenzar a aprovechar los avances tecnológicos que tienes a tu alcance.

En los próximos capítulos, te indicaré cuales son algunas de las herramientas más valiosas para conquistar este nuevo mundo tecnológico y ponerlo a trabajar para ti.

En pocas palabras: 7 conceptos claves de este capítulo

- En el siglo XXI, tendremos un progreso tecnológico mil veces mayor que el del siglo anterior. ¿Estás preparado para enfrentarte este cambio?
- Cada día que pierdes desconociendo los avances tecnológicos representa semanas que te llevará actualizarte.
- Los avances tecnológicos crean más empleos de los que eliminan y requieren de una mano de obra altamente calificada, pero mejor remunerada.
- No te dejes intimidar por la "obsolescencia planificada". Compra los equipos tecnológicos que necesitas hoy considerando la vida útil que tendrán y no te preocupes por que mañana salga una nueva y supuestamente mejorada versión al mercado.
- La barrera digital es la barrera del sonido de nuestros tiempos. Si crees que no puedes aprender algo nuevo, estás limitando tus posibilidades y negando tu crecimiento futuro.
- Los medios de producción digital están a tu alcance y aumentarán tu productividad exponencialmente.

- Sencillamente, las consecuencias de ser ignorantes o estar desconectados en el campo tecnológico en esta nueva sociedad nos obligarán a pagar un precio más alto que nunca.

Para más información, recursos y actualizaciones visita *http://www.libroelsalto.com.*

2
...
tecnifícate

"Después de crecer desmedidamente durante años, el campo de la computación parece estar llegando a su infancia". —JOHN PIERCE

"Avanza hasta donde puedas visualizar. Cuando llegues allí, podrás ver más lejos aún". —J. P. MORGAN

Uno de mis programas favoritos de televisión es *Jeopardy*. En este programa de trivialidades puedes ver al anfitrión Alex Trebek preguntando a los concursantes sobre los temas más increíbles que te puedas imaginar, desde cultura general hasta los detalles más específicos de géneros súper especializados. Este juego está diseñado para que los concursantes respondan rápidamente a las preguntas de una serie de categorías diversas entre las cuales pueden escoger en una pantalla electrónica gigante. Cada pregunta tiene un valor monetario, y al final del juego, el concursante que emplea la mejor estrategia y es capaz de responder a la velocidad de un relámpago, termina acumulando más dinero y saboreando la victoria.

Jeopardy es un juego característico del siglo xx, porque prueba la memoria y el conocimiento de los participantes y su habilidad para responder rápidamente. Pero en el siglo xxi, hay demasiada información a nuestra disposición y las habilidades que necesitamos para ser exitosos son diferentes.

Hoy en día es imprescindible saber buscar información rápidamente, filtrar los resultados y obtener la respuesta adecuada en vez de solamente consultar tu cerebro y la información limitada con la que puedes contar. Sin embargo, si buscas la información y no la sabes filtrar, las consecuencias pueden ser peores, ya que puedes estar recibiendo consejos inadecuados para tu situación.

Prueba este pequeño experimento: Si tienes una máquina con la que puedas grabar y pausar la televisión, ya sea un moderno grabador de video digital (DVR) o un viejo grabador de video (VCR), puedes pausar el juego después de cada pregunta, buscar la respuesta en algún motor de búsqueda del Internet, como *Google* o *Bing,* y obtener la respuesta correcta con más frecuencia que los concursantes.

En la vida, como en los negocios, lo que importa es llegar a las respuestas correctas sin importar si se demoró unos segundos, minutos u horas buscándolas. En el mundo real hay que consultar, preguntar y buscar para obtener la respuesta correcta porque es imposible guardar toda la información en nuestro cerebro. Ahora puedes competir con estos concursantes en tus propios términos y ganar. Todos los teléfonos, computadoras y equipos que tienen acceso al Internet te han convertido en un ser humano súper conectado que puede usar esta infinita fuente de información para acceder instantáneamente a una buena parte del conocimiento producido por la humanidad desde que existimos.

Es importante tratar de memorizar el conocimiento como nos enseñaron en la escuela, pero ahora también puedes usar tu "cerebro interior" para pensar, buscar y discernir, mientras utilizas tu "cerebro exterior", es decir el Internet, para guardar información menos crítica y más tediosa como estadísticas, fechas, detalles, etc. La información sobre los temas que no conoces o no recuerdas ahora puede ser obtenida cuando la necesites con una simple búsqueda. Esta facilidad te puede resolver problemas y hasta sacarte de apuros, pero tienes que condicionarte para darte cuenta de su existencia. La memoria es importante, pero ya no es suficiente.

Cómo llegamos aquí

En 1860, William H. Russell, un pionero del negocio del transporte, colocó un anuncio en los periódicos buscando "jóvenes flacos no mayores de 18 años que fueran expertos jinetes y que estuvieran dispuestos a arriesgar su vida a diario". "Preferimos huérfanos", decía el anuncio comunicando el riesgo al que se iban a someter los muchachos que respondieran a esta llamada.

Russell estaba buscando a los primeros jinetes del *Pony Express,* un servicio de correos a caballo para mejorar la comunicación entre California y el resto de la nación. Un buen ejemplo de esta necesidad fue que en Los Ángeles no se enteraron que se habían integrado a la Unión hasta unas seis semanas después del hecho. (Todavía hay personas en California que aún no se han enterado del hecho, pero ese es un tema para otro libro). El *Pony Express* acortó a la mitad el tiempo necesario para hacer llegar un mensaje desde St. Joseph, Missouri, en el centro del país, hasta Sacramento, California, en la costa oeste. Estos expertos jinetes lograban cubrir la distancia de 1.669 millas (según *Google Maps*) en diez días y medio, cambiando frecuentemente de caballo en el camino.

La entrega más rápida se logró en marzo de 1861: se entregó el discurso inaugural del presidente Abraham Lincoln en el tiempo récord de siete días y 17 horas. ¿Te imaginas el esfuerzo físico que hicieron los jinetes para lograr esta hazaña cabalgando a través de los llanos y montañas sin parar? Esta misma distancia hoy se puede cubrir en automóvil en un día y dos horas y, si el propósito es el de llevar un mensaje, no necesitas pasar todo este trabajo, ya que un correo electrónico, llamada por teléfono o mensaje de texto puede llevarlo a su destinatario en milisegundos, literalmente en un abrir y cerrar de ojos.

El *Pony Express* fue reemplazado por el telégrafo de Morse solo unos años después, pero el paso decisivo de las comunicaciones no llegó hasta 1876, cuando se presentó en la Oficina de Patentes de los Estados Unidos la solicitud para una patente que se convertiría en una de las más valiosas que se han registrado en la historia de la humanidad. ¿Te atreves a adivinar cuál fue?

El teléfono

Se trata de la patente para el teléfono, inventado por Alexander Graham Bell, un profesor de acústica y estudiante incesante del entonces nuevo campo de la electricidad.

Uno pensaría que todo fue color de rosa para el creador de un aparato tan esencial en los tiempos modernos, pero no fue nada fácil ser el inventor del teléfono al principio, ya que lógicamente no existía la infraestructura necesaria. Ponte a pensar... ¿A quién ibas a llamar si nadie tenía teléfono todavía? El mundo sencillamente no entendía este nuevo invento porque no existía un punto de referencia para apreciar su verdadero valor y, como resistentes al cambio que somos, la bienvenida a este avance no fue nada placentera. Los hombres de negocios de la época decían que el teléfono era un "juguete científico", un instrumento interesante solamente para profesores como Alexander Graham Bell, pero que nunca iba a ser una necesidad práctica.

En vez de aplaudirlo, el público lo calificó de impostor, acusándolo de ser un ventrílocuo, pues juraban que Graham Bell estaba produciendo la voz que salía del primitivo aparato sin mover los labios. Transmitir la voz humana a distancia utilizando un cable y electricidad era un concepto tan extraño y futurista en esa época que el periódico *The Times* (Londres) publicó el titular: "Impostor dice que puede hablar a través de un alambre", citando a un famoso ingeniero que juraba que el cable tenía un agujero en el centro por donde pasaba el sonido.

Mirando hacia el pasado es fácil jactarse y decir: ¡Qué tontos! ¿Cómo es posible que todas estas personas hayan sido tan ciegas?

Pero tú, en este siglo XXI, tienes una ventaja que no tenían las personas que vivían en esa época. Tú tienes la perspectiva que has ganado viviendo en una sociedad moderna donde el teléfono tradicional ya es casi una antigüedad. Las compañías de teléfonos están perdiendo subscriptores de sus líneas residenciales fijas en números récord gracias a otro invento que llegaría casi exactamente un siglo más tarde.

En 1973, Martin Cooper, un ingeniero e inventor que trabajaba para la empresa Motorola, hizo la primera llamada por medio de un teléfono celular. Parado en una esquina de Nueva York, sacó el prototipo del teléfono que pesaba 2,2 libras, marcó un número y se conectó con la torre que había instalado en el techo del edificio Burlington House en la misma ciudad. La primera llamada desde un celular la hizo a su competidor y adversario, Dr. Joel S. Engel, el jefe de investigación de Bell Labs. Me imagino que al Sr. Engel no le gustó mucho la broma, y fue una de las llamadas más duras que recibió en su carrera.

Este histórico momento cambió fundamentalmente las comunicaciones para las futuras generaciones. Tomó diez años para llevar el prototipo del "DynaTAC" al mercado, el cual costaba $3.500 dólares, pesaba 2,2 libras, y cuya batería duraba solo 20 minutos. En los años 80, los teléfonos celulares eran solo para los principales ejecutivos de las grandes empresas, quienes gastaban miles de dólares por mes en sus comunicaciones móviles, el costo equivalente a alquilar un avión privado hoy en día.

El teléfono celular cambió muchas cosas, pero el cambio más importante fue que dejamos de llamar a lugares y comenzamos a llamar al individuo que queremos localizar.

Todo ha cambiado en apenas unos años

Al principio nadie quería publicar su número de celular y ni siquiera se incluía en las tarjetas de negocios, ya que costaba carísimo no solo hacer llamadas, sino también recibirlas. Como todo en el campo de la tecnología, con los años el precio fue bajando, se fue reduciendo el tamaño de los componentes, se mejoraron y crecieron las infraestructuras, se instalaron más torres y hoy en día los teléfonos celulares están al alcance de casi toda la población del planeta, hasta tal punto que ya hay más teléfonos celulares en el mundo que teléfonos fijos.

Hace solo cincuenta años, el gobierno de cualquier país altamente desarrollado hubiera estado dispuesto a pagar miles de millones de dólares para tener acceso a una tecnología tan avanzada como la de estos modernos "teléfonos", porque sencillamente no existía… No estaba disponible. La ENIAC, fabricada en el 1946 y reconocida por los historiadores de la tecnología como una de las primeras computadoras, ocupaba una sala entera, pesaba 500 toneladas, costó 500.000 dólares y tenía una capacidad de procesamiento diez mil veces menor que uno de los teléfonos inteligentes modernos que hoy tienes en tu bolsillo.

Más opciones que nunca

Hoy tenemos más opciones que nunca para mantenernos conectados e informados. Con este libro, aprenderás a aprovechar la creciente disponibilidad de productos y servicios a tu alcance, pero aquí vamos a mencionar las dos herramientas indispensables para funcionar en el mundo moderno: la computadora y el teléfono inteligente.

La computadora: tu cerebro externo básico

Con la fiebre de las computadoras tipo tableta como el iPad apareciendo por todos lados, hay muchas personas que se preguntan si estas livianas computadoras deberían reemplazar a sus laptops o computadoras de escritorio.

Las computadoras de escritorio y las laptops no van a ningún lado. Las tabletas son computadoras que están diseñadas para ser livianas, portátiles y con un sistema operativo fácil de utilizar. En cuanto a su capacidad de almacenamiento, dejan mucho que desear ya que las tabletas vienen con una fracción del espacio que sus contrapartidas. Esto las hace convenientes para disfrutar de películas, juegos y para navegar el Internet, pero no como fuente primaria de almacenamiento. Las aplicaciones que puedes instalar en las tabletas son divertidas, generalmente pequeñas y cada vez más variadas. Un campo donde ganan las tabletas es el de la duración de la batería: los modelos más populares tienen un uso promedio de diez horas. Debido a su conveniencia y portabilidad se han vendido millones de ellas durante estos últimos meses.

Las computadoras tradicionales como tu computadora de escritorio o tu laptop todavía tienen mucha más capacidad de procesamiento, memoria y almacenamiento que las tabletas, pero en muchos casos tienen el inconveniente del tamaño y el peso. En el campo de los programas, no hay quien le gane a las computadoras tradicionales, que llevan muchos años en el mercado y donde puedes encontrar programas para hacer de todo. No podemos descontar esta opción ya que los precios de estas computadoras han bajado significativamente y la funcionalidad de una computadora tradicional solo está limitada por tu imaginación.

No importa el equipo que estés utilizando, lo que sí es fundamental es tener un servicio de acceso al Internet de alta velocidad o banda ancha. No tener esta imprescindible función sería como comprar el automóvil del año y no instalarle neumáticos... En otras palabras, no podrías llegar a ningún lugar. Una gran parte de los servicios y recursos que vamos a conocer en este libro requieren acceso de alta velocidad al Internet. Los avances tecnológicos en la computación que hoy en día ofrecen videos, gráficos, fotos, documentos y otras aplicaciones exigen una capacidad mayor para ser procesados. La conexión a Internet por teléfono (conocido como "dial up" en inglés) está prácticamente obsoleta. Las ventajas de tener una conexión de alta velocidad son demasiadas y actúan como una extensión de la capacidad de tu computadora personal y teléfono inteligente. No debes escatimar a la hora de invertir un buen servicio de conexión y acceso a la información.

Una de las preguntas más comunes que recibo es cuál es la computadora perfecta. Mi respuesta siempre es bien sencilla: no hay computadora perfecta para todos, pero sí hay una computadora perfecta para ti. Empieza por identificar tus necesidades y calcular tu presupuesto y verás que el océano de opciones se convierte en un charquito de unos pocos modelos.

Los teléfonos inteligentes

Estos nuevos teléfonos son en realidad computadoras pequeñas gracias a la miniaturización de sus componentes. Las nuevas generaciones de teléfonos inteligentes no son teléfonos que tienen computadoras incorporadas, sino computadoras portátiles poderosas que, entre muchas otras funciones, también pueden hacer llamadas por teléfono. Debido al avance en la transmisión de información con radiofrecuencias, ahora también están conectados al Internet a altísimas velocidades y esta tendencia solo va a seguir avanzando.

Eric Schmidt, el ex director de *Google,* explica que debido a la capacidad de buscar por Internet y el bajo costo de los teléfonos, en el transcurso de su vida pasaremos de un número pequeño de personas con acceso a la información disponible en el mundo a que virtualmente todas las personas en el mundo tengan acceso a esta información.

Las empresas fabricantes de teléfonos se dieron cuenta muy pronto de que podían añadirle funciones a estos aparatos comenzando por lo más elemental: enviar y recibir correos electrónicos y cortos mensajes de texto. Luego se incorporaron funciones como sistemas de posicionamiento global (GPS), mapas, cámaras fotográficas y de video, y todo tipo de aplicaciones. Estas aplicaciones se están convirtiendo en una parte importante de la nueva sociedad conectada porque se pueden utilizar para todo tipo de funciones útiles como guías de restaurantes, noticias, redes sociales y miles de otros usos imaginativos que debes experimentar para poder sacarle el mayor provecho a tu teléfono inteligente.

La fiebre de las aplicaciones en los teléfonos fue popularizada por Apple cuando lanzó el iPhone en enero del

2007. Al principio, muchos pensaban que el director de Apple, Steve Jobs, había perdido la cabeza. ¿Qué era eso de vender programitas para utilizar en tu teléfono? Como sucedió muchas otras veces, Jobs probó a los incrédulos que existía un lucrativo mercado multimillonario que no se había inventado todavía y que él iba a explotar con gusto. Existen dos grandes grupos bien diferenciados de aplicaciones para los teléfonos móviles: las gratuitas y las cobradas. Muchas de las aplicaciones de pago ofrecen una versión gratuita para engancharte, una indudable muestra de la habilidad de los promotores de ventas. Una vez que dependes de ellas, te ofrecen funciones que solo están disponibles en la versión que cobran, aunque debido a la incesante competencia y las miles de aplicaciones que son creadas mensualmente, casi siempre es posible encontrar versiones gratuitas de las aplicaciones que necesitas.

Con la combinación de sus procesadores poderosos, su conectividad y todas estas aplicaciones, los teléfonos inteligentes están ayudando a elevar la eficiencia del uso del recurso más valioso de todos los seres humanos: nuestro tiempo. Pero para poder optimizar el uso de tu teléfono inteligente, se está volviendo imprescindible tener un plan de datos. Sin este, se vuelve imposible aprovechar todas las ventajas que puede ofrecer el teléfono cuando estás verdaderamente móvil, ya que la mayoría de los teléfonos vienen equipados con Wi-Fi (acceso al Internet inalámbrico).

Los proveedores de servicios inalámbricos están redefiniendo sus modelos de negocios porque los planes de datos para los teléfonos inteligentes cada vez son más populares, y se están dando cuenta de que ya casi ninguno de sus clientes quiere seguir pagando por minuto de conexión.

Los clientes prefieren pagar por una conexión de Internet en el teléfono, por medio de la cual pueden acceder a muchos otros servicios, incluyendo, por supuesto, la clásica llamada de larga distancia.

Los planes de datos son cada vez más accesibles y, por su naturaleza, la mayoría de las aplicaciones los necesitan. Ahora puedes acceder el Internet en tu teléfono y cada día hay más personas que lo hacen. Se prevé que en solo un par de años, más personas van a estar conectadas al Internet a través de sus móviles que a través de las conexiones en sus casas. La rapidez de estos servicios es cada vez más impresionante, y me veo frecuentemente navegando el Internet a través de mi teléfono a velocidades con las que solo podía soñar hace unos años atrás. Por si fuera poco, muchos nuevos modelos también pueden actuar como un punto de acceso a otros equipos móviles, como laptops y tabletas.

El hecho de tener un plan de datos que te permita acceder al Internet a través de tu teléfono es uno de los factores fundamentales que están matando servicios poco populares como las llamadas a larga distancia.

La muerte de la "larga distancia"

En un futuro ya bien cercano, no va a existir el término "larga distancia" ya que la tecnología ha reducido las distancias en el mundo y también el monto de tu cuenta de teléfono.

Una de las preguntas más comunes que recibo es cómo ahorrar dinero en llamadas de larga distancia. Aunque ha habido grandes avances en este campo utilizando nuevas tecnologías a través del Internet, todavía hay muchas personas que prefieren las tarjetas prepagadas para hacer llamadas, las que pueden salirles muchísimo más caras de lo que piensan. No parecería ser así cuando voy al mercado, pues todavía veo numerosísimas tarjetas de llamadas de infinitos colores detrás de la caja registradora y a muchas personas comprándolas. No tengo nada en contra de las compañías que las venden, como tampoco tengo nada en contra de las grabadoras de casetes o los discos LP. Su tiempo ya pasó y ahora existen otras alternativas más viables para tu bolsillo que te proveen ventajas adicionales.

Una de las aplicaciones que puedes instalar para realizar llamadas de larga distancia es *Skype*. Este programa permite hacer llamadas por Internet completamente gratis desde tu computadora y también puedes instalarlo en tu teléfono inteligente. Con *Skype* puedes hacer y recibir llamadas desde tu teléfono a otro usuario conectado por *Skype* en cualquier lugar del mundo sin costo adicional, porque estás usando la conexión a Internet del teléfono.

Skype es un sistema de comunicaciones que lleva varios años en el mercado utilizando la tecnología conocida como *Voice over Internet Protocol* (VoIP, por sus siglas en inglés). Esto quiere decir que tu voz es digitalizada, enviada por la red y reconstruida al otro lado. Estos sistemas convierten tus llamadas internacionales en llamadas locales y, en consecuencia, te pasan los ahorros obtenidos en el proceso, puesto que la llamada pasó por el Internet en vez de por el sistema de redes telefónicas convencionales.

La gran ironía es que muchas veces los dos sistemas comparten los cables internacionales para transportarse, pero por cuestiones de disposiciones regulatorias relacionadas con las telecomunicaciones, entre otras, hacerlo por Internet es más económico, y si hablas directo con tu interlocutor a través de la computadora, es gratis.

Únete a la explosión móvil

Hay más de 4 mil millones de teléfonos móviles actualmente en el planeta. La humanidad nunca ha estado tan conectada y todos los negocios y servicios relacionados a este campo van a transformar el mundo una vez más. Gracias a las aplicaciones en mi teléfono inteligente, ya no compro automóviles con GPS porque uso *Google Maps,* encuentro restaurantes nuevos con *Urbanspoon,* aviso a mis amistades por dónde ando usando *Foursquare,* puedo comparar los precios en las tiendas y casi nunca pierdo una conversación a no ser que se me acabe la batería.

En pocas palabras: 7 conceptos claves de este capítulo

- Hoy en día es imprescindible saber buscar información rápidamente, filtrar los resultados y obtener la respuesta adecuada en vez de solamente consultar tu cerebro y la información limitada con la que puedes contar.
- Todos los teléfonos, computadoras y equipos que tienen acceso al Internet te han convertido en un ser humano súper conectado que puede usar esta infinita fuente de información para proveerte instantáneamente una buena parte del conocimiento producido por la humanidad desde que existimos.
- Memorizar es importante pero ya no es suficiente.

- Pasaremos de un número pequeño de personas con acceso a la información disponible en el mundo a que virtualmente todas las personas en el mundo tengan acceso a esta información, debido a la capacidad de buscar por el Internet y al bajo costo de los recursos para lograrlo.
- No importa el equipo que estés utilizando, lo que sí es fundamental es tener un servicio de acceso al Internet de alta velocidad o banda ancha.
- Los teléfonos inteligentes están ayudando a elevar la eficiencia del uso del recurso más valioso de todos los seres humanos: nuestro tiempo.

Recursos mencionados en este capítulo

Google Maps, www.google.com/maps
Un servicio gratuito para encontrar la mejor ruta o ubicación de cualquier local, negocio o dirección en el mundo. Con la aplicación de *Google Maps* para los teléfonos inteligentes, se puede usar el sistema de posicionamiento global o GPS para llegar a tu destino paso a paso.

Urbanspoon, www.urbanspoon.com
Un directorio de restaurantes que recibe evaluaciones, calificaciones y recomendaciones de las personas que visitan los establecimientos que sirve como una guía local.

Foursquare, www.foursquare.com
Un sistema basado en localización con la función de red social móvil. La aplicación emplea el sistema de posicionamiento global o GPS para saber tu localización actual. Con esa información, el usuario se puede registrar en los lugares

que visita, avisar a sus amigos por *Facebook* y *Twitter* y recibir premios virtuales y comentarios anotados por usuarios anteriores sobre el local que está visitando actualmente.

Twitter, www.twitter.com

Una red social que permite a los usuarios mandar y recibir *tweets* o mensajes de 140 caracteres de texto. Debido a su brevedad, velocidad de difusión y poder de amplificación, *Twitter* se ha convertido en una de las maneras más rápidas para recibir y diseminar información a través del Internet.

Facebook, www.facebook.com

La red social más popular del planeta con más de 750 millones de usuarios. En *Facebook* se puede interactuar con amistades, mandarle mensajes, compartir fotos y mucho más.

Skype, www.skype.com

Una aplicación que permite hacer llamadas telefónicas y de video gratuitas a otras personas que tengan la misma aplicación instalada. Se pueden hacer también llamadas a teléfonos tradicionales por un bajo costo.

Para más información, recursos y actualizaciones visita: *http://www.libroelsalto.com*.

3
· · ·
edúcate

"Nos convertimos en sabios, no por el recuerdo de nuestro pasado, sino por la responsabilidad sobre nuestro futuro".

—GEORGE BERNARD SHAW

"Los analfabetos en el siglo XXI no serán aquellos que no puedan leer y escribir, sino aquellos que no puedan aprender, olvidarse de lo que aprendieron y aprenderlo de una nueva forma".

—ALVIN TOFFLER

"Si piensas que la educación es cara, prueba la ignorancia". Eso me repetía mi abuelo una y otra vez mientras se mecía lentamente en su sillón del portal de la casa, envuelto en el humo espeso y blanco que emanaba de su tabaco H. Upmann Número 4. Con el pelo ya blanco y el efecto inevitable de los años en su piel, parecía mentira que este hombre, ahora en estado de salud frágil, hubiera salvado miles de vidas durante sesenta años ejerciendo la medicina.

El viejo sabía el valor de una buena educación y la importancia de tener la perseverancia para obtenerla. Entre sus grandes contribuciones, llevó a Cuba la vacuna llamada *Bacilo Calmette-Guérin* (o BCG) desde Francia, a donde viajó solo y sin un centavo para terminar sus estudios. Esta vacuna inmuniza contra la tuberculosis, que en aquella época era una enfermedad considerada incurable y había destruido incontables vidas, familias y sueños. Después de la exitosa adopción de esta vacuna, las muertes provocadas por la tuberculosis fueron prácticamente erradicadas. Aunque mi abuelo no fue el que la inventó, tuvo el mérito de traer la cura a un lugar que no la poseía.

Para la generación de nuestros abuelos, padres y, hasta para la nuestra, la educación formal fue y es aún costosa. Las instituciones educativas tenían el monopolio de la educación y para que una persona pudiera educarse, tenía que pasar por el sistema educativo superior. Sin embargo, siempre ha sido posible ser autodidacta y, hoy en día, el control de la educación va pasando de las manos de las instituciones a las manos del individuo. Gracias al Internet, la educación es más accesible que nunca antes en la historia de la humanidad.

Tener un título universitario es valioso, pero no tan valioso como saber educarnos constantemente para mantenernos al día y seguir creciendo en nuestras profesiones o negocios. El hecho de que te hayas graduado de la universidad es considerado como prueba de que tienes la capacidad de completar un programa riguroso y extenso, seguir instrucciones y sacrificarte para lograr una meta. Sin embargo, cada día nos tropezamos con personas increíblemente mediocres que fueron a las mejores escuelas, pero para muchas de ellas, esa gran escuela fue el fin de su educación. También nos encontramos con personas que no fueron "educadas" institucionalmente pero que son extremadamente exitosas.

El puente que ha transformado el monopolio de las instituciones educativas mundialmente se llama "el Internet". En mi experiencia, aunque una mayoría de las personas saben cómo utilizarlo actualmente, solo un grupo muy pequeño sabe cómo aprovechar al máximo esta poderosa herramienta para educarse. La mayoría de las personas con las que hablo no se sienten cómodas con la revolución tecnológica y, en muchos casos, se puede decir que le tienen miedo a la tecnología. Si eres una de estas personas, no te preocupes, aquí te voy a enseñar lo que necesitas saber para cruzar ese puente. El puente que te va a liberar de la jaula del aula.

Uno de los componentes de esta nueva manera de aprender que se ha popularizado mundialmente es el video en línea. Millones de personas lo utilizan cada año para educarse por su cuenta en todo tipo de materias. Ahora, nuestro profesor o tutor de una materia se puede encontrar al doblar de la esquina o al otro lado del mundo, ya que con videos de *YouTube* y programas gratuitos de videoconferencia como *Skype* y *Windows Live Messenger* podemos comunicarnos cara a cara con esa persona sin pagar un centavo.

Los principios fundamentales para educarnos

Estos principios te ayudarán a aprovechar los nuevos recursos que vas a explorar en este capítulo.

Deseo de aprender: Tener todos estos recursos a tu disposición es mejor que no tenerlos, pero si no los aprovechas, es como si no los tuvieras. El deseo de aprender es lo que te va a diferenciar a ti de cualquier otra persona que tenga o no tenga un título de una institución educativa.

Disciplina: Si eres un genio, felicidades por adelantado. Si eres como el resto de nosotros, te va a tocar dedicar el tiempo necesario para aprender la materia que deseas dominar. El gran secreto de las escuelas es que te obligan a asistir a clases, ya sea virtualmente o físicamente. El mero hecho de sentarte para escuchar a un profesor hablar del tema ya te obliga prácticamente a entenderlo. Si quieres educarte sobre un tema, necesitas crearte la disciplina para hacerlo consistentemente. Esto puede ser tan fácil como decir que todos los lunes vas a estudiar una materia o sencillamente tomarte unos minutos todos los días para aprender lo que te propones. La disciplina es lo que te va a propulsar hacia adelante y dejar a los perezosos atrás.

Un currículum: No importa el tema que quieras aprender, necesitas tener algún tipo de organización para lograrlo de una manera progresiva. En matemáticas, necesitas aprender aritmética antes de poder hacer cálculo. Por eso es importante que te asesores con expertos en el tema que puedan indicarte el mejor camino o sistema para organizar el conocimiento que vas a adquirir gracias a… tu deseo de aprender y tu disciplina.

Persistencia: El proceso de educarnos tiene que ser continuo a través de nuestras vidas. El dejar de educarnos porque obtuvimos un título en la escuela o porque creemos que ya lo sabemos todo sobre un tema es un error garrafal. Todos los días hay avances que cuando se van sumando, nos demuestran que estamos completamente obsoletos en un tema del que éramos expertos hace un corto tiempo.

El mundo escolar

El mundo escolar es cada vez más competitivo no solo a nivel local, sino también mundialmente. En todas las escuelas del mundo, debido a la cantidad de materias que hay que dominar y el tiempo limitado para lograrlo, es importante tener las herramientas necesarias para aprovechar el tiempo al máximo. Las escuelas que tienen más recursos utilizan la tecnología como parte fundamental de la experiencia educativa. Las que no los tienen, aunque no sea su culpa, le están dando una educación inadecuada a sus estudiantes. Ya no vivimos en los días en que solo tenías que mandar a tus hijos a la escuela bañados y con lápiz y papel en mano.

Debido al crecimiento exponencial del conocimiento y las demandas que la sociedad impone sobre nuestros graduados, hay un fenómeno que se está desarrollando donde ya no es imprescindible memorizar cada dato o acontecimiento. Esa información ya no se encuentra escondida en una enciclopedia o una esquina obscura de la biblioteca sino que se puede conseguir con una simple búsqueda por Internet. Es más importante aprender a razonar, cuestionar y saber acceder a la información, que tenerla guardada permanentemente. El Internet se ha convertido en una extensión de tu cerebro.

Es importante tener una computadora conectada al Internet con alta velocidad para proveer a los estudiantes de estos recursos básicos que los ayudarán a triunfar en el nuevo ámbito académico mundial. Si tienes dudas sobre la privacidad y los posibles riesgos, consulta el Capítulo 10 de este libro sobre privacidad y seguridad para aprender los conceptos básicos.

Las laptops y computadoras tipo tableta han dejado de
ser opcionales en las escuelas o universidades: son herramientas fundamentales que pueden marcar la diferencia
entre el éxito o el fracaso académico. La sala de aula está
cada día más conectada y los maestros tienen que aten-
der a un número creciente de alumnos. Por ese motivo, la
mayoría de los recursos estudiantiles ahora se encuentran
en línea o están en proceso de transición para ese medio.
Estar conectado dejó de ser un lujo y se ha convertido en
una necesidad.

La nueva ola de las tabletas y lectores de libros electrónicos son dispositivos móviles multifuncionales que se están
incorporando a las aulas y que ayudarán al proceso de
aprendizaje. Ya estamos utilizando las primeras aplicaciones que aprovechan este nuevo formato y, en los próximos
años, es muy posible que el libro de papel se convierta en
un artefacto de museo, pues una obra impresa no permite
corregir errores o actualizar la información en un instante.

Mi tío es profesor universitario y cuando comenzó a
trabajar en una nueva universidad se dio cuenta de que
uno de los libros de texto tenía una serie de errores. Envió
las correcciones a la empresa que publicó el libro y sus
representantes le comunicaron que iban a incorporar los
cambios en la próxima edición. Sin embargo, la próxima
edición solo sería impresa un año después y, mientras tanto,
todos los estudiantes en otras escuelas iban a estar estudiando con un libro de texto con información errónea…

Este problema se va a resolver en un futuro muy cercano, cuando estos libros de texto sean reemplazados por
libros electrónicos, pues podrás bajar la versión actuali-

zada a tu tableta o lector de libros electrónicos en un abrir y cerrar de ojos.

Los libros de texto, dependiendo de la materia, pueden ser actualizados cada año o cada 5 y hasta 10 años. Es verdad que hay muchas cosas que no cambian, pero para tener un sistema más democrático de distribución y poder mantenerlos actualizados, su conversión a formato digital es inevitable. Además, es más conveniente cargar una mochila con una tableta o laptop, donde puedes tener cientos de libros almacenados en tu archivo, que un montón de libros en papel.

La importancia del inglés

Si puedes leer y entender el inglés, puedes saltear esta sección.

La mayoría de los recursos que presento en este libro están disponibles en español, pero el idioma del aprendizaje mundial en la Web es el inglés. ¿Qué quiere decir esto? Simplemente que, si no entiendes el inglés, tus opciones se van a limitar considerablemente. Por lo tanto, los primeros recursos que te voy a presentar son sobre cómo aprender inglés. Una vez que domines este idioma, se te van a abrir las puertas como nunca antes. Aunque cada día se están popularizando más las traducciones, solo existe una fracción de recursos en español comparados con los que existen en inglés.

Tu misión al principio debe ser al menos entender el idioma, sin preocuparte por dominar la gramática ni hablar perfectamente sin acento. Si no hablas inglés, puedes estar perdiéndote los recursos educativos más importantes que ha creado la humanidad. Y si esperas a que todos estos recursos estén disponibles en nuestro idioma, puedes perderte la ventaja competitiva de obtener estos conocimientos antes que la mayoría de las personas.

Sistemas de traducción automática

¿Qué haces cuando quieres ver una página Web, traducir una oración, o hasta un documento, de un idioma que no entiendes?

Antes esto era un proceso complicado, pero hoy en día es prácticamente instantáneo. *Google Translate* es una aplicación de traducción que utiliza miles de millones de documentos traducidos para reconocer los patrones únicos de cada idioma y así, con el tiempo, ofrecer mejores traducciones. Está disponible en 58 idiomas, incluyendo el español, y puede traducir cualquier combinación entre ellos instantáneamente.

Si quieres visitar un sitio en un idioma que no entiendes, solo necesitas ir a www.google.com/translate y colocar en la caja de texto la dirección del sitio que quieres traducir y el idioma en el cual lo quieres leer. Puedes utilizar *Google Translate* para traducir palabras, párrafos y hasta documentos en formato Word que puedes subir al sitio y hasta puedes escuchar cómo se pronuncian las palabras traducidas.

Estas traducciones no son perfectas, pero sí te dan una traducción suficientemente buena para poder entender lo que dice el texto en tu idioma seleccionado.

Comunidades de intercambio para aprender un idioma

La mejor manera de aprender un idioma es definitivamente usando la técnica de inmersión total; cuando llegas a un país y dependes de ese idioma para comunicarte, te vas a ver obligado a hacer el esfuerzo necesario para lograrlo. Antes de que te des cuenta, vas a estar comunicándote como un nativo.

Aprender un idioma utilizando tutores virtuales se ha popularizado con el crecimiento del Internet y se han creado comunidades de intercambio para poder practicar el idioma que quieres aprender con personas nativas. *Live mocha.com, SharedTalk.com* e *Italki.com* son algunas de estas comunidades virtuales que sirven como intermediarios para conectar a personas que quieren ponerse en contacto con un nativo de un idioma para practicar.

Si hablas español y quieres aprender mandarín, puedes hacer una búsqueda de personas que hablan este idioma y quieren practicar el español. Te puedes comunicar con ellos vía chat, mensajes y hasta puedes configurar tu cuenta de *Skype* para hacer una llamada de audio o de video con ellos.

Con este método puedes crear nuevas amistades y aprender más sobre la cultura del país del idioma que estás estudiando, pero sobre todo, vas a poder dialogar con un nativo que te va a ayudar a entender las idiosincrasias del idioma que son difíciles de captar en un libro de texto. También vas a poder obtener valiosos consejos sobre la pronunciación y la entonación de una persona que creció hablando ese idioma.

Únete a un club

Hay millones de grupos en Internet a los cuales puedes unirte para aprender sobre cualquier tema que te puedas imaginar. Estos clubes o grupos pueden ser virtuales pero también puedes utilizar el Internet para encontrar grupos locales con los que puedes reunirte en persona.

Este concepto no es nuevo; grupos de afinidades e intereses mutuos han existido desde que el mundo es mundo, pero con el Internet se facilita entrar en contacto con personas que comparten tus intereses sin importar lo específicos que sean.

Google Groups es uno de los mejores sitios para conectarte con otras personas de intereses similares y está disponible en español.

Cuando accedes a www.groups.google.com, puedes seleccionar la categoría de grupos que estás buscando: ya sean grupos de negocios, computación o mecánica automotriz. Una vez que encuentras el grupo que te interesa, puedes solicitar ser miembro.

Los miembros de cada grupo pueden tener discusiones en forma de foro, respondiendo y comentando sobre los temas publicados o pueden también participar vía correo electrónico.

Si no encuentras un grupo en tu idioma o del tema específico que quieres discutir, puedes crear tu propio grupo e invitar a otras personas interesadas a participar.

Meetup.com es otro sitio que organiza reuniones de grupos locales en todo el mundo, desde fanáticos de las redes sociales hasta personas a las que, por alguna razón, les encanta el paracaidismo. Esta es una manera de conocer a individuos que comparten tus mismos intereses en tu comunidad y de asociarte con un nuevo grupo que hubiera sido difícil de descubrir si no fuera por este medio.

Meetup.com incluye grupos que tienen solo un número pequeño de miembros hasta grupos con cientos y hasta miles de personas que comparten el mismo interés. Según las cifras publicadas en el sitio, tienen más de 7 millones de miembros con más de 250 mil reuniones mensuales en 45 mil ciudades alrededor del mundo en las que se discuten más de 46 mil temas.

La mejor manera de encontrar un grupo es hacer la búsqueda lo más específica posible, pues cada palabra clave adicional que utilizas restringe los resultados. Por ejemplo, es más fácil encontrar un grupo específico de hinchas de fútbol si usas las palabras "hincha" y "fútbol" que si escribes la palabra clave "deportes" solamente.

Si no encuentras el tema que estás buscando, puedes crear un grupo *Meetup,* promoverlo entre tus amigos y esperar que se unan personas interesadas en el mimo tema. Así, miembro por miembro, puedes crear una comunidad local para reforzar tus conocimientos sobre un tema determinado y compartirlo con otras personas que tienen los mismos intereses.

La universidad YouTube

YouTube es el sitio para compartir videos más popular del mundo. En el año 2010, más de 13 millones de horas de video fueron subidas al sitio, el equivalente de 35 horas de video cada minuto. De hecho, en solo 60 días, se suben más videos a *YouTube* que todos los videos que las tres cadenas televisivas más grandes de los Estados Unidos produjeron en los últimos 60 años. Cuando consideras estos números es obvio que estamos hablando de cantidad y no necesariamente de calidad.

He preguntado a muchas personas cuál es su primera impresión de este sitio y, generalmente, la respuesta es negativa a no ser que esté hablando con adolescentes. Ellos piensan que este sitio es lo mejor que le ha pasado a la humanidad, ya que *YouTube* se ha convertido en su principal fuente de entretenimiento.

¿Qué tipos de videos puedes ver en *YouTube*? Desde videos de personas haciendo cosas cómicas, musicales, gatos persiguiéndose la cola o cualquier tema que te puedas imaginar. Lo que muchas personas no saben es que *YouTube* también es un sitio que contiene una cantidad impresionante de contenido educativo de gran variedad.

Entre todo el ruido de celebridades y videos que son hechos para subir el ego de sus creadores y que muchos consideramos una gran pérdida de tiempo, en *YouTube* también puedes encontrar videos que te pueden enseñar sobre el tema que desees, desde como atar un nudo, hacer ejercicios, cocinar, fabricar una silla o aprender inglés. No importa el tema que quieras aprender, es posible encontrarlo en *YouTube*.

¿Quién crea estos videos? Personas como tú y yo que se tomaron el tiempo de compartir sus conocimientos. Hay videos que son creados por instituciones pero la mayoría es generado por usuarios que tienen algo que enseñar.

El concepto de aprender con videos no es nuevo. De hecho, durante años, cuando no existía esta facilidad de conectarnos, se desarrolló una industria multimillonaria para vender acceso a educación especializada utilizando las tecnologías de la época como casetes de audio y de video y luego CDs y DVDs.

Lanzar un CD o un DVD al mercado requería un esfuerzo y una inversión considerable: había que producir y grabar el video, invertir en un estudio con equipos de televisión y por supuesto contratar productores, editores, camarógrafos, escritores y directores. Después de haber gastado miles de dólares en este esfuerzo también había que buscar la manera de producir los DVDs en masa y tener un sistema de distribución utilizando el correo y operadores y empleados que tomaran las órdenes por teléfono.

Sin embargo, producir y subir un video a *YouTube* es muy simple y económico. El video se puede crear con una computadora personal utilizando programas de edición básicos que están incluidos en los sistemas operativos de la computadora o que se pueden obtener a bajo costo. Después de subir el video al Internet, no tienes que preocuparte por la distribución porque *YouTube* se encarga de eso.

Cada video que se sube al sitio tiene un título, descripción y etiquetas que explican su contenido. A su vez, la persona que está subiendo los videos también les puede asignar una categoría para ayudar a organizarlos, pero este muchas veces no es el caso. Por lo general es difícil encontrar videos específicos sobre las materias que queremos debido a la gran cantidad de videos que tienen títulos parecidos. Si no estás determinado a dedicarle tiempo al proceso, buscar un video por *YouTube* puede ser un proceso bastante agotador.

Para resolver este problema, *YouTube* desarrolló una

función que emula el mundo de la televisión al crear canales específicos. Cada persona que crea una cuenta gratis en el sitio tiene su propio canal. Por ejemplo, el canal de Tu Tecnología es: www.YouTube.com/tutecnologia y allí se encuentran videos educativos, tutoriales y más.

Como hay muchísimos canales, una vez que encuentres uno que te interesa puedes subscribirte a él y *YouTube* te avisará cada vez que se añadan nuevos videos a este canal.

En el canal *YouTube Edu* (www.youtube.com/edu) puedes encontrar más de 100 mil videos educativos sobre una gran variedad de temas, desde física moderna hasta mecánica automotriz y por supuesto... inglés.

Como señalé anteriormente, aprender inglés es una cuestión de supervivencia personal y profesional. Uno de los tantos canales para aprender inglés por Internet se llama *123 inglés* (www.youtube.com/user/undostresingles). Este trasmite un curso creado por el joven chileno Maximiliano Lobos.

Maximiliano comenzó este proyecto subiendo videos a *YouTube* desde la computadora de su casa y le abrió la puerta a millones de personas para poder accederlos sin importar su ubicación en el planeta. Gracias al poder amplificador de la red, el canal de Maximiliano hoy en día tiene millones de visitantes y sus videos son reproducidos en más de 80 países.

¿Será Maximiliano el mejor profesor de inglés para los hispanos en todo el mundo? En mi opinión, el mejor profesor es el que logra comunicarse con sus alumnos a través de sus lecciones, así que para muchos, definitivamente lo es. Estoy convencido de que hay muchos profesores destacados en esta materia que se están halando los pelos por no haber sido ellos los que comenzaron este canal. Si eres profesor de inglés, matemáticas, física, mecánica o cualquier otra materia, o sencillamente conoces un tema y quieres compartirlo con el mundo, subir videos al Internet, específicamente a *YouTube*, es una de las maneras más fáciles de compartir tus conocimientos.

Maximiliano ha logrado monetizar sus esfuerzos y cobra por acceso a cursos más avanzados, pero cuando se escribió este libro todavía ofrecía acceso a 50 clases en su canal de *YouTube* sin costo alguno.

El Khan Academy

Salman Khan era un analista de Wall Street y un día, para ayudar a sus sobrinos con sus tareas de matemáticas, colocó un video en *YouTube* para explicarles la materia. El video fue ulitizado por muchas más personas además de sus sobrinos, la Khan comenzó a subir videos de varios otros temas. Hoy en día, la *Khan Academy* cuenta con videos tutoriales sobre más de 2 mil materias y cada mes recibe más de 1 millón de estudiantes virtuales que consultan casi 200 mil videos por día. Y mejor aún, estos son completamente gratis.

Los videos de la *Khan Academy* son sencillos: consisten en una pizarra negra con caracteres representados en la pantalla como lo haría un profesor mientras que Salman Khan los explica. Los videos tienen una duración de 7 a 15 minutos; es decir, son lo suficientemente largos para aprender la lección y lo suficientemente cortos para no aburrirse con el tema.

No sé si a ti te pasó lo mismo que a mí cuando estabas en la escuela: el maestro explicaba un concepto, hacía varios ejercicios y después tenía que seguir al siguiente paso en la asignatura. Si te quedabas atrás porque no entendiste bien la primera lección, entonces te costaba más trabajo o te era imposible aprender el siguiente concepto que se edificaba sobre el concepto anterior.

Estos "huecos de queso suizo", como los llama Khan, se rellenan con el concepto de la educación "parcialmente auto dirigida", en la cual los maestros utilizan los videos en el aula para explicar los conceptos a los estudiantes y así, si hay un concepto que no entienden, estos pueden ver el video de nuevo o sencillamente preguntarle al profesor. El rol del maestro se transforma para convertirse en un gerente especializado en los diferentes niveles de comprensión de sus alumnos: los estudiantes avanzados pueden adelantarse siguiendo a la próxima lección sin aburrirse con la repetición de la lección que ya dominan, y los estudiantes con dificultades pueden llegar a dominar la lección sin quedarse atrás ni atrasar a los demás. En otras palabras, todo el mundo gana.

¿Cuán efectivo puede ser este método?

Los padres que tienen recursos para pagar tutores privados han sabido por mucho tiempo que, aunque cara, esta es una manera efectiva de llenar los "huecos de queso suizo" creados por la educación pública. En 1984, Benjamin Bloom, un erudito del campo de la educación, condujo un estudio para determinar la diferencia entre la educación de grupo y la educación individual. ¿Cuáles fueron los resultados? Los estudiantes que recibieron atención individual fueron dos veces más exitosos que sus compañeros. La combinación de una enseñanza personalizada a través de los videos además de la presencia especializada del maestro, como explica Khan, logra que la mayoría de los estudiantes sean propulsados a niveles de estudiantes dotados.

Si añadimos a esta nueva forma de aprendizaje un sistema en línea, como la *Khan Academy*, que ayuda a los estudiantes a dominar un tema antes de avanzar al próximo, la diferencia entre los estudiantes es aún más notable.

Khan Academy en español: www.youtube.com/user/ KhanAcademyEspanol

RSS

Las siglas *RSS* significan *Real Simple Syndication* en inglés, y este es un sistema que permite compartir contenido en la Web de manera secuencial, utilizando un lector de *RSS* que notifica a los subscriptores sobre nuevo contenido que ha sido publicado. El símbolo universal para *RSS* es un ícono naranjado que sin duda has visto en muchas páginas y sitios por Internet.

La tecnología *RSS* representa un cambio fundamental en la manera en que podemos recibir las noticias e información por Internet. La manera tradicional consiste en visitar cada sitio del cual queremos extraer información. Este es un proceso tedioso porque perdemos tiempo visitando cada sitio individualmente y buscando el tema que nos interesa y luego buscando en esa categoría para ver si hay algo que queremos leer. Cuando multiplicas este esfuerzo por varios sitios, podemos perder mucho tiempo en el proceso.

Todos los blogs y sitios de noticias ofrecen por lo menos un canal de *RSS*. En sitios más variados, es posible que te encuentres canales especializados por tema, así que si visitas un periódico para leer solamente de política, ahora te puedes subscribir a los canales de política de varios periódicos y las noticias vienen a ti en vez de tú tener que ir a buscar las noticias.

El *RSS* es también muy útil para las personas que publican contenido. Por ejemplo, si publicas un blog o *podcast,* el difusor de *RSS* permite a las personas subscritas a recibir en sus lectores de *RSS* los últimos episodios o artículos instantáneamente sin tener que visitar el sitio de origen.

Hay muchos lectores de *RSS* a los que puedes acceder gratuitamente. De hecho, tu navegador de Internet ya puede tener un lector de *RSS* incorporado como en el caso de *Firefox,* que tiene una función llamada *Live Bookmarks* que sirve para mantenerte al tanto de tus subscripciones de *RSS.* Aparte de tu navegador, existen programas en línea especializados en leer canales de *RSS* como *Google Reader, Windows Live* y *Netvibes,* o puedes instalar un programa en tu computadora que logre la misma función como *Feed Demon, NetNewsWire* o *Shrook.* Si quieres evaluar algunas de estas opciones, busca el nombre en un buscador como *Google* y *Bing* para encontrarlos fácilmente. A mí me gustan más los lectores de *RSS* que están en la Web porque los puedes acceder desde cualquier computadora y ya van a tener todas tus preferencias configuradas.

iTunes U

Con la popularidad de los iPods que se convirtieron en los reproductores MP3 más vendidos, surgieron los *podcasts*. Los *podcasts* son grabaciones de audio o video que pueden ser bajados a tu computadora y sincronizados con tu iPod o reproductores MP3 para escuchar o ver cuando te parezca más conveniente.

Apple incorporó este nuevo y popular servicio a su programa iTunes en el 2004. Esto llevó a cientos de miles de productores independientes a crear sus propios programas utilizando esta nueva plataforma que es posible gracias a la tecnología *RSS*.

iTunes U fue uno de los servicios creados para ofrecer acceso a la educación de las mejores escuelas del mundo completamente gratis. Allí puedes consultar más de 350 mil conferencias ofrecidas por los mejores profesores universitarios del planeta. Más de 800 universidades participan en este servicio, incluyendo las prestigiosas Yale, el Massachusetts Institute of Technology (MIT) y Stanford.

Las conferencias en forma de *podcast* tratan de temas tan variados como gestión de empresas, artes, idiomas, humanidades, ciencias, salud y medicina. Todas las conferencias son catalogadas por tema y están disponibles si bajas el programa gratuito de Apple iTunes a tu computadora visitando *Apple.com/itunes*. Con iTunes puedes tener acceso a estos videos y contenidos aunque no tengas un producto de Apple pues es compatible tanto con los sistemas operativos de Apple como con las versiones más recientes de Windows. El contenido disponible en *iTunes U* puede ser sincronizado con tu iPod, iPhone, o iPad para que te lo lleves contigo a donde quieras.

Cuando abras el programa en tu computadora, solo tienes que hacer un clic en el menú llamado *iTunes U* dentro del iTunes Store, y allí podrás ver los temas más populares o subscribirte a las charlas que te parezcan más interesantes.

En la sección llamada *Beyond Campus,* puedes encontrar contenido educativo de entidades como la Biblioteca Pública de Nueva York y el Museo de Arte Moderno (MOMA) de esa misma ciudad. Muchas de las instituciones comparten contenido de apoyo a las aulas, como documentos, mapas y hasta libro enteros.

Universidades en línea

Las universidades se han dado cuenta de la necesidad de proveer una educación que trascienda los límites de su localización geográfica. Este concepto no es nuevo. Desde hace muchos años se han ofrecido cursos educativos por correo, pero el Internet ha cambiado esta situación completamente.

Esta transición comenzó porque había personas que trabajaban y no podían ir a clases en los horarios diurnos y que, al final del día, estaban muy cansadas para asistir a las clases nocturnas. Las universidades se dieron cuenta que este era un mercado viable para personas que querían seguir desarrollándose y el Internet era la herramienta ideal para lograrlo.

Hay muchos ejemplos de universidades que han aprovechado esta tendencia, pero los más notables son the University of Phoenix en los Estados Unidos, con más de

500.000 estudiantes, y el Open University en Inglaterra, con más de 250.000. Su carácter virtual las ha convertido en las universidades más grandes de sus respectivos países.

Los títulos obtenidos en estas universidades son tan válidos como los de una universidad con sede en tu ciudad. Por supuesto, no será viable estudiar completamente en línea para aquellas profesiones que requieren estudios en laboratorios u otros lugares específicos donde hacer ejercicios y practicar. Para responder a esta demanda, la Universidad de Phoenix, por ejemplo, ha abierto más de 200 locales a través de los Estados Unidos.

Actualmente, hay más de tres millones de estudiantes universitarios en los Estados Unidos que estudian principalmente, y hasta exclusivamente, en línea. En este momento, hay más de 2.500 cursos en línea ofrecidos en los Estados Unidos y este número va a crecer significativamente en los próximos años. Debido a este crecimiento, muchas universidades están teniendo dificultades para crear estas clases en línea con suficiente rapidez para satisfacer la demanda. Se estima que para el año 2019, la mitad de las clases universitarias serán ofrecidas en línea. Estas predicciones me parecen conservadoras, porque según Bill Gates, normalmente sobreestimamos el crecimiento en los próximos dos años y subestimamos el crecimiento de los próximos diez.

Aprendiendo con aplicaciones móviles

Muchos de los recursos mencionados en este capítulo tienen aplicaciones móviles disponibles. Si tienes un teléfono móvil con los sistemas operativos más populares en este momento, como el iOS de Apple, el Android de *Google* o Windows Phone 7, podrás utilizar aplicaciones móviles para aprender del tema que más te guste. Muchas de estas aplicaciones son gratuitas o pueden ser adquiridas a bajo costo.

A diferencia de los videos, estas aplicaciones son programas que te estimulan a interactuar con ellos para aprender. Se vuelven como una especie de videojuegos educativos con una función específica para aprender sobre un tema.

Si visitas www.apple.com/education/apps/, vas a ver cientos de aplicaciones que funcionan en el formato de Apple para aprender desde matemáticas hasta geografía o inglés.

Por ejemplo, la aplicación *Math Wizard* disponible para el sistema operativo Android está diseñada para que los muchachos aprendan los fundamentos básicos de la matemática como adición, substracción, división y multiplicación. Otra aplicación útil para Android se llama *Verbos Inglés* y permite buscar las conjugaciones de los verbos en inglés más comunes además de ofrecer traducciones completamente gratis.

Las aplicaciones muchas veces están disponibles en varios idiomas pero la mayoría están en inglés. No te asustes si la aplicación del tema que buscas no se encuentra en español. La manera de manejar estas aplicaciones es fácil e intuitiva y muchas veces no necesitas saber el idioma para poder utilizarlas.

Despertando tu otra voz

Aprender a tocar un instrumento musical se está haciendo cada día más fácil. Gracias a los teléfonos inteligentes y a otras tecnologías portátiles, nunca antes habían existido tantas maneras de aprender a tocar un instrumento, mezclar sonidos o sencillamente producir música.

En una conversación reciente, una persona a la que admiro mucho me dijo algo que me sacudió de los pies a la cabeza cuando se enteró que yo no sabía tocar un instrumento musical.

"Ariel, tu llegaste a este país sin dominar el idioma y has construido una carrera, aprendiste a navegar un barco y a volar un avión ¿Cómo es posible que no hayas aprendido a tocar un instrumento musical? Estás silenciando una de tus voces".

De regreso a mi casa, me puse a investigar los recursos que podía utilizar para aprender música y esto es lo que encontré.

Primero me tocó elegir un instrumento que me apasionara, que en mi caso es el piano. Consultando *YouTube,* escribí en la caja de búsqueda *piano lessons* (lecciones de piano) y me quedé perplejo al ver la cantidad de personas que están enseñando por Internet a tocar el piano o cualquier otro instrumento que te puedas imaginar.

Si tienes una Mac, puedes usar el sistema *Garage Band* para componer música y aprender las bases de instrumentos como la guitarra y el piano con lecciones de video enseñadas por celebridades musicales. En la PC, puedes utilizar el programa *Mixcraft* que, como el *Garage Band,* es un estudio de grabación en tus manos donde puedes grabar audio, mezclar, componer y mucho más.

Por lo general, me quedé decepcionado con los libros de música que se venden en las librerías, porque vienen con CDs de programas que cuando los instalas parecería que viajaste en una máquina del tiempo a la era del Windows 95.

También puedes encontrar una cantidad impresionante de aplicaciones para tocar y aprender instrumentos que se están produciendo para el iPad y otras tabletas y teléfonos inteligentes. Con ellas puedes afinar tu guitarra, aprender las posiciones de los dedos, tocar un piano virtual y hasta aprender los fundamentos del acordeón.

Según el Dr. Carlos Rivera, profesor de música de la Universidad de California del Sur, la tecnología táctil está cambiando la manera en que se aprende música, porque el alumno puede interactuar de una manera divertida con el instrumento virtual y adquirir mucha destreza antes de aprender a tocar el instrumento real.

Al final, para aprender música, no creo que se pueda reemplazar la relación entre maestro y alumno, pero con estos recursos puedes practicar y adelantar tus conocimientos.

Crea tu propia escuela virtual

Muchas tecnologías se han desarrollado para ayudar a las escuelas a proporcionar aulas virtuales, pero ningún software ha tenido más éxito que *Moodle*. Ya lo sé, el nombre es algo peculiar, pero confía en mi... funciona a la maravilla.

Moodle es un sistema de gestión de aprendizaje que se ha hecho muy popular entre los docentes del mundo entero como una herramienta para crear sitios web dinámicos para estudiantes. *Moodle* es gratis y fácil de instalar. Ha demostrado ser una herramienta muy útil para las escuelas, incluso aquellas que cuentan con presupuestos reducidos.

Moodle fue creado en el 2002 y debido a su adopción a nivel mundial, han ido apareciendo regularmente versiones actualizadas con nuevas funciones y mejoras al programa. Esta herramienta está disponible en más de ochenta idiomas y ha sido distribuida en más de 45.000 sitios por todo el mundo.

El programa fue diseñado para poder responder a cientos de miles de estudiantes, pero también funciona muy bien con solo un puñado de alumnos. Muchas instituciones lo utilizan como plataforma para desarrollar cursos completos en línea, mientras que otros lo utilizan simplemente para incrementar los cursos donde maestro y alumnos se ven cara a cara.

Muchos profesores también emplean los módulos de actividad (foros, wikis, bases de datos) para crear comunidades de colaboración de aprendizaje entorno a su tema, mientras que otros prefieren utilizar *Moodle* para enseñar contenido a los estudiantes y evaluar el aprendizaje mediante tareas y exámenes.

Si tienes algo que enseñar, no tienes por qué limitarte a un aula física. Puedes configurar tu propio sistema de educación en línea y hacer que los estudiantes vengan a ti.

En pocas palabras: 7 conceptos claves de este capítulo

- Gracias al Internet, la educación es más accesible que nunca lo ha sido en la historia de la humanidad.
- "Si piensas que la educación es cara, prueba la ignorancia".
- Tener un título universitario es valioso, pero no tan valioso como saber cómo educarnos constantemente para mante-

nernos al día y seguir creciendo en nuestras profesiones o
negocios.

- Las laptops y computadoras tipo tableta en las escuelas
  o universidades han dejado de ser opcionales: son herramientas fundamentales que pueden marcar la diferencia
  entre el éxito o el fracaso académico.

- El idioma del aprendizaje mundial en la Web es el inglés.
  Si no entiendes el inglés, tus opciones se van a limitar
  considerablemente.

- Hay millones de grupos en Internet a los cuales puedes
  unirte para aprender sobre cualquier tema que te puedas
  imaginar.

- Utilizando videos en línea puedes recibir una educación
  gratuita de las mejores universidades del mundo.

Recursos mencionados en este capítulo

Google Translate, www.google.com/translate

Un sistema de traducción computarizada inteligente que
puedes utilizar para traducir sitios web, palabras, párrafos
y hasta documentos en formato Word.

Skype, www.skype.com

Una aplicación que permite hacer llamadas telefónicas y
de video gratuitas a otras personas que tengan instaladas
la misma aplicación. Se pueden hacer también llamadas a
teléfonos tradicionales por un bajo costo.

Comunidades virtuales para aprender idiomas
Livemocha.com, Sharedtalk.com e *Italki.com* son algunas de estas comunidades virtuales que sirven como intermediarios para conectar a personas que quieren ponerse en contacto con un nativo de otro idioma para practicar.

Google Groups, groups.google.com
Este sitio te ayuda a conectarte con otras personas de intereses similares a través del Internet.

Meetup.com
Es un sitio que organiza reuniones de grupos locales en todo el mundo, desde fanáticos de las redes sociales hasta personas a las que, por ejemplo, les encanta el paracaidismo. Esta es una manera de conocer a personas que comparten los mismos intereses en tu comunidad y de asociarte con un nuevo grupo que hubiera sido difícil descubrir si no fuera por este medio.

YouTube Edu, www.youtube.com/edu
Canal de *YouTube* donde puedes encontrar más de 100 mil videos educativos sobre una increíble cantidad de materias.

El Khan Academy, www.khanacademy.org, o youtube. com/user/KhanAcademyEspanol
El Khan Academy cuenta con miles de videos que explican una gran variedad de asignaturas.

Lectores de *RSS*
Puedes acceder a *Google Reader, Windows Live* y *Netvibes* en línea, o puedes instalar un programa en tu computadora que logre la misma función como *Feed Demon, Net News Wire* o *Shrook.*

iTunes U, http.apple.com/education/itunes-u/
Sitio que ofrece acceso a la educación de las mejores escuelas del mundo completamente gratis.

Para más información, recursos y actualizaciones visita *http://www.libroelsalto.com.*

4

...

empléate

"El peligro real no consiste en que las computadoras comiencen a pensar como los seres humanos, sino en que los seres humanos comiencen a pensar como las computadoras". —SYDNEY J. HARRIS

"Siempre sobrestimamos el cambio que ocurrirá en los próximos dos años y subestimamos los cambios que ocurrirán en los próximos diez años". —BILL GATES

Hoy en día hay más recursos que nunca para encontrar empleo, pero a su vez, el mercado está cada vez más competitivo. La tecnología moderna ha contribuido a hacer el proceso mucho más eficiente pero también mucho más frío. Me parece increíblemente deprimente pasar por un supermercado o farmacia y ver que tienen una computadora solitaria en una esquina para que las personas llenen sus solicitudes de empleos. Ya es casi imposible hablar con una persona en la fase inicial de la búsqueda de empleo, así que hay que adaptarse. No es un proceso agradable, pero es una realidad que tenemos que aprender a enfrentar.

El proceso de encontrar trabajo se ha transformado en

los últimos años y nunca volverá a ser el mismo. Con el crecimiento de las redes sociales y las nuevas maneras de comunicarnos, los empleadores han cambiado radicalmente la manera de reclutar a los candidatos.

En el centro de esta transformación está un legado del siglo xx... tu currículo. Sin embargo, la manera de presentar tu currículo será obsoleta en pocos años, ya que puedes lograr el objetivo de comunicar tus calificaciones, historia de trabajo y hasta recomendaciones de tus colegas exclusivamente en línea.

Junto con esta transformación del formato de tu currículo se encuentra el auge de los motores de búsqueda. Ahora, para encontrar cualquier información solo hay que escribir las palabras claves en *Google* o *Bing,* y los empleadores están utilizando estos recursos no solo para buscar nuevos candidatos, sino para investigar a los candidatos que están entrevistando.

Si quieres que tu perfil sea descubierto por empleadores potenciales, necesitas hacer la tarea de incluir en tu currículo las palabras clave que corresponden al empleo que deseas obtener. ¿Palabras clave? Parece mentira pero tu currículo se ha convertido en otro documento que será analizado por un sistema de reclutamiento donde las palabras clave van a ser extraídas para clasificarlo de varias maneras, como por ejemplo, años de experiencia, títulos universitarios, certificaciones y otros términos específicos a tu área o industria.

En las grandes empresas, y crecientemente en las empresas medianas y pequeñas, existen cada vez más filtros para eliminar a los candidatos que no corresponden a los criterios deseados y para seleccionar a los que sí podrán conti-

nuar al próximo paso de ser entrevistados. Si tu currículo
no satisface los criterios básicos de la posición tal y como
ha sido anunciada para pasar el filtro, es muy probable
que no te vayan a llamar ni a considerar para una entre-
vista. Déjame escribirlo de nuevo: no te van a considerar
aunque seas un candidato excelente. Los sistemas computarizados están haciendo la selección debido a la cantidad
de currículos que se reciben para cada posición disponible.
Para las empresas esta es una manera tal vez injusta, pero
supuestamente eficaz, de reducir el número de candidatos
para cada puesto.

En otras palabras, vas a tener que adaptar tu currículo
a cada posición por la cual quieras ser considerado incluyendo las palabras clave que satisfacen los requisitos específicos de ese empleo en particular.

Por ejemplo, si te gustan los deportes sabes que, para poder
jugar, existen una cantidad de reglas que hay que seguir sino
te descalifican, penalizan o simplemente te sacan del juego.
Estas reglas son rígidas y, cuando son interpretadas por árbitros, una gran parte del juego depende de su interpretación
de las mismas. Hay árbitros buenos, malos, mediocres y
hasta hay otros que se han vendido al otro equipo.

Si vas a buscar un empleo en esta nueva sociedad, necesitas tener la mentalidad de un deportista y seguir las reglas
del juego.

Aprovecha el trabajo realizado por otros

Para poder dominar las reglas de este nuevo juego, apó-
yate en los esfuerzos que ya han realizado otros "jugado-

res". Comenzar de cero es difícil y las primeras líneas de un currículo en blanco pueden ser aterrorizantes para un nuevo candidato. Afortunadamente, hay millones de personas que han publicado sus currículos en línea y estos te pueden servir como guía de lo que quieres poner en el tuyo.

Si visitas sitios como *http.career-advice.monster.com/ resumes-cover-letters/resume-samples/jobs.aspx* o www .careeronestop.org/ResumeGuide/Introduction.aspx puedes ver ejemplos de currículos típicos relacionados a distintas posiciones. Usa estos currículos como guía; así podrás ahorrar tiempo y buscar palabras clave que necesitas incluir en el tuyo para el puesto que deseas obtener.

Creando un currículo digital

Existen varios sitios donde puedes crear un currículo en línea como, por ejemplo, *Careerbuilder.com, Monster. com* e *iHispano.com,* entre otros. La gran mayoría de los empleadores consultan estos servicios a la hora de reclutar. Si tu currículo no está catalogado en estos sitios, simplemente no será visto por los posibles empleadores. En estos sitios tendrás que colocar tu información dentro de un formato indicado con varias categorías específicas. También deberás responder preguntas como si estás disponible para trabajar en varios turnos o incluso si estás dispuesto a cambiar de ciudad o país para conseguir el empleo.

Este cuestionario, por muy atormentador que sea, es increíblemente importante y tienes que prestarle atención ya que serás considerado o no para un puesto según tus respuestas. Las empresas siempre intentarán filtrar a los candidatos menos calificados o flexibles a la hora de seleccionar a quienes van a entrevistar.

Otros sitios como *VisualCV.com* te permiten añadir elementos gráficos o videos para expandir tu currículo visualmente, desde los logotipos de las empresas para las que has trabajado hasta un pequeño video clip mostrando tu habilidad para comunicarte y tu presentación personal.

El sitio www.careeronestop.org es patrocinado por el Departamento de Trabajo. Allí encontrarás recursos útiles desde cómo crear tu currículo, hasta datos de bancos de trabajo en cada estado.

Si tienes dificultad para leer en inglés, puedes utilizar el programa de traducción *Google Translate* (www.google.com/translate). Allí selecciona *"Spanish"* y coloca la dirección del sitio *CareerOneStop.com*. Esto te permitirá traducir el sitio al español.

Tu perfil profesional

Tu perfil en los sitios de búsqueda de empleo y hasta en las redes sociales debe tener un aspecto profesional y ser cuidadosamente revisado. Comenzando desde tu foto, en la que preferiblemente debes tener un atuendo profesional, hasta el contenido de tu perfil, que no debe contener faltas de ortografía o errores gramaticales.

También debes cuidar tu presencia en las redes sociales, porque muchos empleadores las consultan para realizar una búsqueda simplemente utilizando tu nombre y apellido. Por ejemplo, para evitar que empleadores potenciales encuentren algo en tu perfil de *Facebook* que pueda descalificarte, es importante que configures la privacidad de esta red social para compartir tus aventuras solamente con tus amigos o familiares más cercanos. No quieres que tu empleador potencial se entere de que ayer estuviste en un club hasta las cuatro de la mañana y que tus amigos te tomaron una foto en la que lucías medio borracho. Aunque no lo creas, un simple descuido como este ha descalificado a muchísimas personas, por muy profesionales o competentes que sean en su área.

Para asegurarte de que no existe ninguna información o imagen tuya que pueda descalificarte a los ojos de un empleador, realiza una búsqueda sobre ti mismo en *Google*, por ejemplo. Así eliminarás cualquier duda.

About.me

Si quieres una página sencilla por donde comenzar, puedes utilizar el sitio www.about.me. Esta es una plataforma increíblemente fácil que te ayudará a crear una presencia básica en línea. Allí puedes tener una foto de fondo para ilustrar tu página, con una biografía tuya o una breve descripción de tu negocio, y enlaces a otros sitios de redes sociales donde tienes perfiles como *Facebook*, *LinkedIn* o *Twitter*. Puedes utilizar esta página como plataforma de lanzamiento donde tus clientes o empleadores potenciales te podrán encontrar fácilmente.

Si quieres visitar el sitio mío para tener un ejemplo, consulta: www.about.me/arielcoro.

Encontrando oportunidades

Cuando el gobierno y las grandes empresas van a comprar suministros o servicios, utilizan un enfoque muy inteligente: crean una solicitud de propuestas (conocido como RFP, por sus siglas en inglés). El RFP es básicamente una lista con todo lo que necesitan de este producto o servicio, transformado en una propuesta de oferta para licitación pública.

Usualmente el objetivo es seleccionar al licitador responsable con el costo más bajo. ¿Pero qué es un licitador responsable? Sencillamente, una empresa que no solo ofrece un buen precio para sus productos o servicios, sino que también ofrece servicios y garantías complementarias. Esto quiere decir que si la empresa se dedica a vender escobas, también incluye servicio al cliente en caso de defecto y puede respaldar lo que promete.

Ahora, con el poder del Internet, puedes poner en oferta cualquier proyecto, por ejemplo tu propia mano de obra o talento profesional, tal como lo hace el gobierno de Estados Unidos. Este concepto también se aplica si tú tienes un pequeño negocio en casa que diriges tú solo, o una empresa con cientos de empleados y necesitas reclutar a un candidato o empresa para que realice alguna tarea específica.

Sitios como *Elance.com* y *oDesk.com*, te conectan con personas en todo el mundo que son calificadas y están dispuestas a trabajar para ti. A su vez, si estás buscando trabajo, te conectan con posibles empleadores que requieren tus servicios.

Si eres experto en alguna de las categorías indicadas, puedes ofrecer tus servicios a las personas que lo estén buscando.

Esta puede ser una buena forma de generar ingresos e incluso, podría convertirse en tu principal empleo en el futuro.

Con más de 350 subcategorías, he aquí los principales sectores donde puedes ofrecer tus servicios o encontrar personas interesadas en enviar licitaciones para tu proyecto:

- Diseño Web y Programación
- Escritura y Traducción
- Diseño y Multimedia
- Ventas y Mercadeo
- Apoyo Administrativo
- Ingeniería y Fabricación/Manufactura
- Finanzas y Administración
- Asuntos Legales

La importancia de las certificaciones profesionales

Las certificaciones profesionales son una buena avenida para conseguir empleo y son más fáciles de obtener de lo que te imaginas.

Si visitas www.careerinfonet.org/certifications_new/Default.aspx, podrás consultar sobre las certificaciones necesarias para distintas áreas profesionales como medicina, contabilidad, administración de empresas, etc. El sitio te indicará cuáles son los requisitos para obtener la certificación, que aunque no sea indispensable para todos los tipos de empleo, siempre es un valor agregado a tu currículo y demuestra tu capacidad reconocida por entidades oficiales.

Por ejemplo, si quieres aprender cómo funcionan las computadoras y potencialmente conseguir un empleo en este campo, una buena certificación que puedes obtener es el "A+" que te prepara como técnico en reparación de computadoras, o el "Network+", para entender cómo funcionan las redes. Estas certificaciones son ofrecidas por la Asociación de la Industria de la Computación (o COMPTIA) y son un paso fundamental para muchos trabajos de nivel entrante.

Otra certificación valiosa es el *MOS Microsoft Office Specialist,* con la que puedes obtener un certificado en todos los programas de Microsoft Office. Como sabes, los más importantes son Word, Excel, PowerPoint y Outlook, seguidos por Access. Puedes encontrar más información en *Microsoft.com/learning.*

Obtener estas certificaciones puede ser una de las maneras más económicas de mejorar tu currículo. Los cursos ofrecidos por muchas instituciones pueden costar miles de dólares, pero puedes obtener tu certificación por tu cuenta si te lo propones. Aquí están mis consejos para hacerlo:

Compra los libros que requiere el estudio para tu certificación o sácalos de la biblioteca. Con paciencia puedes revisar capítulo a capítulo hasta que seas un experto.

Regístrate y paga por el examen antes de ponerte a estudiar. ¿Por qué? Porque si pagas por el examen, vas a tener una fecha límite que tienes que cumplir como objetivo. No sé tú, pero cuando pago más de 100 dólares por un examen que perdería si dejo de tomarlo, de pronto, estudiar se vuelve una prioridad.

Si te gusta o ya tienes experiencia en un área específica, es posible que ya tengas muchos de los conocimientos necesarios para obtener una certificación. Por ejemplo, si tú ya trabajas reparando computadoras, es bien probable que ya tengas una buena base para poder obtener tu certificación en poco tiempo.

LinkedIn

Una buena manera de ampliar tu presencia profesional y búsqueda de empleo es a través de *LinkedIn.com,* una red profesional donde puedes conectarte con tus compañeros de trabajo pasados y empleadores potenciales. Completa tu perfil y llena toda la información pertinente a tu historia de trabajo. Añade tu currículo. Trata de conectarte con la mayor cantidad de personas posibles, porque a través de esos contactos puedes expandir exponencialmente el número de personas y empresas que tendrán acceso a tu perfil.

LinkedIn ha evolucionado para convertirse en una de las herramientas empresariales de mayor crecimiento. El perfil gratis básico que puedes crear te permite presentar tus capacidades y calificaciones personales y profesionales de una manera fácil de entender. Piensa que es un currículo virtual que puedes compartir con un empleador potencial o en una página para representar a tu empresa.

La función central de *LinkedIn* es ayudarte a sacarle el máximo provecho a tus contactos —y a los contactos de tus contactos— para que te enteres de nuevas oportunidades o entres en contacto con personas que comparten tus mismos intereses y objetivos profesionales. *LinkedIn* cuenta con más de 100 millones de miembros registrados, y muchos lo consideran una variante de *Facebook* para profesionales.

Consejos para aprovechar LinkedIn

Asegúrate de que tu perfil esté lo más completo posible y que contenga palabras clave a través de las cuales los empleadores potenciales te puedan encontrar. Por ejemplo, si trabajas como profesional de mercadeo en el área de manejo de cuentas, ponte en los zapatos de un reclutador y emplea las palabras que ellos utilizarían para buscarte, como el título de tu posición, tareas específicas a ese trabajo y términos de la industria que sean fáciles de identificar por los profesionales de esa área.

Aprende a utilizar la función de búsqueda para encontrar a potenciales empleadores o clientes. Esta es la función que yo llamo "Sherlock Holmes", porque te permite investigar a una empresa en detalle hasta encontrar a la persona que buscas. Puedes realizar búsquedas por industria, nombre de la empresa, cargo específico de la persona que necesitas contactar, así como por ciudad y mucho más. Por ejemplo, si trabajas como director de servicio al cliente para una empresa y quieres ver cuántas personas trabajan en tu industria en tu ciudad, esta es una buena manera de enterarte.

La cantidad de conexiones que tienes en *LinkedIn* es vital para poder aprovechar esta plataforma, por eso invita a todos tus amigos y colegas para aumentar el número de conexiones que tienes. Un perfil vacío da la impresión de que no eres muy popular y nadie quiere contratar o hacer negocios con alguien poco conocido.

Únete a todos los grupos que puedan ser relevantes para tu trabajo, el empleo que deseas obtener en el futuro, o para tu negocio. Los grupos son una buena manera de ponerte en contacto con personas en tu campo que pueden servir como nuevas conexiones.

No tengas miedo de participar en discusiones y compartir información con el grupo. Por ejemplo, si estás leyendo un artículo que encuentras interesante, compártelo con los miembros del grupo al cual perteneces. Esto te posicionará en la red como una persona dinámica, que continuamente amplía sus conocimientos, y como un líder dentro de tu campo. Sin embargo, debes tener mucho cuidado con lo que decides compartir porque esta información puede ser utilizada por los demás. No se debe compartir enlaces, contenido o comentarios de naturaleza religiosa o política, a no ser que estés profesionalmente involucrado en estas áreas.

Habla con tus colegas y pídeles que te den una recomendación. Esto es importante para establecer tu credibilidad y refleja tus buenas relaciones en el ámbito laboral.

Si estás buscando trabajo, no seas pasivo. Ve a la sección de trabajos y revisa las posiciones abiertas publicadas por las empresas, ya que muchas de ellas son exclusivamente anunciadas por *LinkedIn*.

Si estás buscando hacer negocios con una empresa, puedes encontrarla utilizando el motor de búsqueda de *Linked In*. Así también obtendrás información sobre todas las personas conectadas a la red que trabajan allí. Utiliza tus conexiones para que te recomienden a ellos o, sencillamente, usa un sistema que lleva unos cuantos años inventado... Agarra el teléfono y llámalos.

Es muy importante que tengas bastantes conexiones en tu perfil de *LinkedIn* para expandir tus contactos y posibilidades de conseguir mejores empleos. Si no conoces a muchas personas, no te preocupes. Hay un grupo llamado *LinkedIn Open Networkers* que reúne a personas que quieren tener más conexiones en su perfil. Puedes conectarte con ellos y así comenzar a crear tu propia red.

Los trabajos del futuro

Es difícil imaginarse que hace solo cien años la humanidad estaba comenzando a descubrir la aviación y que Charles Lindbergh cruzó el Atlántico en su avión en el 1927. Lo mismo sucederá con las profesiones del futuro; hay que empezar a imaginárselas ahora para estar preparados cuando llegue la hora. Aquí tienes ejemplos de nuevos empleos creados por los avances tecnológicos que fueron recomendados por un estudio reciente de la compañía Fast Future comisionada por el gobierno de Inglaterra:

- Abogado virtual: El mundo virtual es cada día una mayor parte de nuestras vidas. Al progresar nuestra interacción en este campo, se van a necesitar abogados que puedan navegar las tecnologías y a su vez entender las jurisdicciones internacionales.
- Especialista en revertir daño ambiental: El derrame de petróleo en el golfo en 2010 es solo un ejemplo de los varios accidentes que pueden causar daños al medio ambiente. En el futuro, se necesitaran cada vez más especialistas capacitados en nuevas técnicas y métodos para contrarrestar estos efectos nocivos.
- Especialista en eliminación de datos: Al manejar mayores cantidades de datos a diario, se hace necesario que

esta información sea descartada de una manera inteligente y segura para evitar problemas de seguridad.

- Especialista en cultivos y animales genéticamente modificados: Esta industria ya existe y se encuentra en pleno crecimiento. En un futuro no tan lejano, será una parte fundamental de la manera en que se produce la alimentación para una población mundial creciente.

- Trabajador del turismo espacial: En muy poco tiempo, comenzarán los vuelos turísticos espaciales que van a crear una nueva industria de pilotos y servicios a bordo de las naves espaciales comerciales.

En pocas palabras: 7 conceptos claves de este capítulo

- Con el crecimiento de las redes sociales y las nuevas maneras de comunicarnos, los empleadores han cambiado radicalmente la manera de reclutar a los candidatos para un puesto.

- Si quieres que tu perfil sea descubierto por empleadores potenciales, necesitas hacer la tarea de incluir en tu currículo las palabras clave que corresponda al empleo que deseas obtener.

- Vas a tener que adaptar tu currículo a cada posición para la que quieras ser considerado incluyendo las palabras clave que satisfacen los requisitos específicos de ese empleo en particular.

- Si tu currículo no está catalogado en los sitios de empleo en línea, como *CareerBuilder.com* y *Monster. com,* entre otros, simplemente no será visto por los posibles empleadores.

- Tu perfil en los sitios de búsqueda de empleo y hasta en

las redes sociales debe tener un aspecto profesional y ser cuidadosamente revisado.

- Debes monitorear tu reputación en línea, incluyendo tu presencia en las redes sociales, porque muchos empleadores las consultan simplemente utilizando tu nombre y apellido.
- Las certificaciones profesionales son una buena avenida para conseguir empleo y son más fáciles de obtener de lo que te imaginas.
- Una buena manera de ampliar tu presencia profesional y búsqueda de empleo es a través de *LinkedIn.com,* una red profesional donde puedes conectarte con tus compañeros de trabajo pasados y empleadores potenciales.

Recursos mencionados en este capítulo

Google Translate, www.google.com/translate
Un sistema de traducción computarizada inteligente que puedes usar para traducir sitios web, palabras, párrafos y hasta documentos en formato Word.

Ejemplos de currículos
En estos sitios puedes ver ejemplos de currículos típicos relacionados a distintas posiciones para usarlos como guía.
http.career-advice.monster.com/resumes-cover-letters/resume-samples/jobs.aspx
www.careeronestop.org/ResumeGuide/Introduction.aspx

Visual CV, www.visualcv.com
Este sitio te permite añadir elementos gráficos o videos para expandir tu currículo visualmente, desde los logoti-

pos de las empresas para las que has trabajado hasta un pequeño video clip mostrando tu habilidad de comunicarte y tu presentación personal.

Recursos gubernamentales

El sitio *www.careeronestop.org* es patrocinado por el Departamento de Trabajo. Allí encontrarás recursos que te pueden ayudar, desde cómo crear tu currículo, hasta bancos de trabajo en cada estado.

About.me

Esta es una plataforma fácil de configurar que te ayudará a crear un perfil básico en línea.

Contratos de trabajo en línea

Elance.com y *oDesk.com,* te conectan con personas en todo el mundo que son calificadas y están dispuestas a trabajar para ti. A su vez, si estás buscando trabajo, te conectan con posibles empleadores que requieren tus servicios.

Certificaciones en tu industria

Sitio para consultar sobre las certificaciones necesarias para distintas áreas profesionales que te indicará cuales son los requisitos para obtener la certificación: www.careerinfonet.org/certifications_new/Default.aspx

LinkedIn.com

Una red profesional donde puedes conectarte con tus compañeros de trabajo pasados y empleadores potenciales.

Para más información, recursos y actualizaciones visita *http://www.libroelsalto.com.*

5
...
finánciate

"El banquero es un señor que te presta su paraguas cuando el sol está brillando y la quiere de vuelta el minuto que comienza a llover".
— MARK TWAIN

"Al poseedor de las riquezas no le hace dichoso el tenerlas, sino el gastarlas, y no el gastarlas como quiera, sino el saberlas gastar".
— MIGUEL DE CERVANTES

Para los negocios pequeños o nacientes, obtener algún tipo de financiamiento es prácticamente obligatorio. De hecho, la mayoría de los negocios que fallan en su primer año, citan la falta de financiamiento como una de las razones principales por las que no pudieron continuar sus operaciones.

En el clima financiero actual, los bancos están reduciendo el número de préstamos que otorgan y, por lo tanto, es más difícil obtener un préstamo. Según un estudio de la *Minority Business Development Agency* de los Estados Unidos, las empresas fundadas por minorías tienen menos probabilidades de recibir préstamos, sobre todo si las ventas no sobrepasan el medio millón de dólares anuales.

Los bancos no están en el negocio de financiar tus sueños ni los inversionistas se enamorarán de tus ideas a no ser que tengas una trayectoria de haber fundado y operado negocios exitosos en el pasado. Es como responder a la pregunta: ¿Quién llegó primero, la gallina o el huevo? Si no te dan la posibilidad de obtener financiamiento porque no tienes una buena trayectoria establecida o crédito... ¿cómo van a darte la oportunidad de demostrar el éxito de tu negocio? Cuando estás comenzando un negocio, tienes que cuidar tu dinero y si los canales tradicionales de financiamiento no te apoyan, estarás obligado a buscar alternativas.

Los bancos son un mal necesario. Necesitas guardar tu dinero en un lugar fiable, y existen pocas opciones seguras fuera del sistema bancario tradicional. En este capítulo, voy a explicar cómo puedes sacarle provecho a tu banco (en vez de ellos sacarte provecho a ti) a través de la tecnología a tu disposición. También explicaré como puedes utilizar sistemas alternativos al banco para realizar transferencias de dinero casi instantáneas, enviar dinero a tus familiares y hasta financiar tus proyectos o negocio.

Después de la crisis del 2008, la desconfianza hacia las instituciones financieras en los Estados Unidos y en muchas partes del mundo ha crecido significativamente. Al estallar la burbuja inmobiliaria, muchas personas se encontraron atadas a hipotecas que no podían pagar y muchos otros vieron sus ahorros e inversiones evaporarse.

El gobierno estadounidense intervino para ayudar a que

los bancos no se hundieran, y estos recibieron miles de millones de dólares para poder seguir operando. Ese dinero, en una gran mayoría, no lo utilizaron para estimular la economía ni para facilitar acceso al crédito a pequeños negocios, sino que lo acapararon dejando a más de un negocio en la calle y sin llave. Además, cientos de miles de víctimas perdieron sus casas y tuvieron que hacer grandes sacrificios para mantenerse a flote. Según el *Pew Hispanic Center,* el nivel de riqueza en los hogares hispanos declinó un 66 por ciento del 2005 al 2009. Este impresionante número se debe a que la mayoría de los hogares hispanos concentran su riqueza y hasta capitalizan sus negocios utilizando el valor de sus propiedades, conocido como *equity* en inglés. Muchas personas se encontraron, y aún se encuentran, en grandes dificultades financieras: son víctimas de un sistema que les falló, en gran parte, porque confiaron en él.

Los inmigrantes recientes tienden a no utilizar los servicios bancarios porque, entre otros motivos, desconocen el sistema financiero del país, y por ende, desconfían de él. Según un estudio del CFSI (*Center for Financial Services Innovation*), antes de acudir a las instituciones establecidas los hispanos tendemos a acudir a familiares o amigos para préstamos de dinero. A estas personas que se encuentran fuera del sistema financiero tradicional se las conoce como *unbanked* o *underbanked,* es decir "sin representación bancaria" o "que utilizan los servicios mínimos que un banco les puede proveer".

Por otro lado, el proceso de obtener un crédito en este país es complicado. Par poder entrar en el sistema crediticio, hay que tener un empleo estable, una cuenta de banco y poder demostrar que puedes pagar las cuentas a tiempo con un historial de crédito establecido. Se han creado varias instituciones con los hispanos en mente cuyo objetivo es tratar de ayudar a obtener préstamos pequeños no asegurados; es decir, ayudar a obtener préstamos en situaciones donde los bancos te cerrarían las puertas. Empresas como Progreso Financiero en California y Texas y El Banco de la Comunidad en Georgia están utilizando nuevas e innovadoras técnicas para extender préstamos a familias hispanas y ayudarlos a construir un historial de crédito. Sin embargo, el impacto positivo de estas empresas es limitado debido a la escala de la debacle económica que se está viviendo en este país.

Muchas familias hispanas han tenido que recurrir a los sitios de *check cashing* (cobro de cheques en efectivo) o *payday loans* (préstamos a corto plazo basados en el cobro futuro de un salario) porque no les ha quedado otra alternativa. Estos préstamos con intereses a corto plazo en muchos casos sobrepasan el 400 por ciento de interés al año. Un precio demasiado caro para tener acceso a dinero en efectivo.

Tu banco en línea a tu disposición

Según una encuesta de Aite Group, una firma independiente de investigación y consultoría para la industria financiera, el 78 por ciento de las personas que utilizan los servicios bancarios en línea reconoce que esta práctica les ha permitido tener un mayor control sobre sus finanzas.

Frecuentemente encuentro personas que expresan su desconfianza en los servicios en línea que proveen los bancos. Estos servicios varían por institución y ofrecen acceso directo al estado de tu cuenta y hasta sistemas de pagos en línea. La razón por la cual muchas personas no se sienten a gusto con ellos es que escuchan reportajes en los noticieros sobre el robo de identidad por Internet y piensan que están relacionadas con los bancos. En otras palabras, temen que un bandido cibernético pueda acceder a su cuenta por Internet y robarles todo su dinero. Aunque a este tema lo vamos a discutir en más detalle en el capítulo 10, es importante que comiences a utilizar los servicios de banco en línea por varios motivos.

Tener acceso a tus cuentas en un abrir y cerrar de ojos te puede ayudar a mantener tu salud financiera, pagar tus cuentas a tiempo y planear tus ahorros e inversiones. El uso cotidiano de tarjetas de débito y crédito ha cambiado el modo de realizar transacciones y nos cuesta más trabajo estar al tanto de los fondos disponibles por la misma facilidad de acceso al dinero. A la misma vez, los cargos para cheques rebotados, o transacciones sin fondos, han seguido creciendo, llegado a cifras excesivas. Puedes evitar cometer estos errores si tienes acceso instantáneo al estado de tus cuentas, y la manera más inmediata de hacerlo es a través de los servicios en línea. Estos servicios solo pueden ser accedidos si tu computadora tiene las configuraciones necesarias para establecer una conexión segura con tu banco. Por suerte, la mayoría de las computadoras tienen estas configuraciones preestablecidas de fábrica y, siempre que tengas tus programas al día, con las versiones más recientes de tu navegador, sistema operativo y antivirus, no hay por qué preocuparse.

Toda la información que envías o recibes de tu banco en

línea es cifrada utilizando algoritmos que son prácticamente imposibles de descifrar y utilizan sistemas que requieren contraseñas que no sean fáciles de reconocer o copiar. Además, para añadir otra capa de protección, incluyen sistemas secundarios de seguridad como preguntas clave a las cuales solamente tú debes conocer la respuesta. La mayoría de los bancos ofrecen estos servicios gratuitamente y muchos tienen páginas en español para sus clientes.

Si utilizas estos sistemas en línea puedes ver tu estado de cuenta y tus transacciones, tanto cobros como depósitos, de forma instantánea. Puedes pagar cuentas automáticamente y transferir fondos de una cuenta a otra. Algunos sistemas hasta ofrecen imágenes de los cheques emitidos y depositados en tu cuenta. También, puedes establecer alertas para no olvidarte de pagar cuentas o para avisarte cuando tu saldo está bajo para evitar cargos de sobregiro. Varios sistemas ofrecen alertas para transacciones de sumas grandes de dinero o gastos que se encuentran fuera de tu comportamiento normal. Esto te puede servir de aviso para evitar un posible fraude en tu cuenta.

Sin embargo, la mejor manera de evitar el fraude es estar al tanto de lo que está pasando a diario y no esperar a que te llegue tu estado de cuenta al final del mes. En muchos casos, estos sistemas te permiten eliminar completamente los estados de cuenta en papel enviados por correo, realizar búsquedas sobre tus transacciones y consultar tus estados de cuenta de meses anteriores.

Muchos de estos sistemas también actúan como una pizarra de control financiero, indicando tu salud económica actual. Allí puedes añadir tus tarjetas de crédito, inversiones y sistemas de lealtad que ofrecen puntos, regalos o millas, como en los sistemas de viajeros frecuentes de las aerolíneas y cadenas de hoteles. También ofrecen reportes desglosados por categoría para indicarte dónde y cómo estás gastando tu dinero para que puedas manejar y controlar tus gastos y presupuesto. Por ejemplo, si estás gastando mucho dinero en restaurantes, verás una gráfica que te lo muestra en comparación con tus otros gastos al final del mes. En nuestra sociedad moderna, existen tantas maneras y posibilidades para gastar dinero que, frecuentemente, es difícil estar al tanto de la cantidad, así como de la variedad, de gastos que incurrimos mensualmente. Los sistemas más avanzados incluso te ayudan a preparar tus impuestos anuales porque mantienen un archivo de todas tus transacciones durante el año. Es más fácil mejorar lo que podemos medir, y estos sistemas te ayudan a manejar y visualizar tus gastos para que puedas tomar control sobre tus finanzas.

Uno de mis sistemas favoritos es *Yodlee.com*, una empresa fiable con muchos años en el mercado que provee servicios en línea a instituciones financieras y que ofrece un servicio para los consumidores llamado *MoneyCenter*, completamente gratis y en español. Muchos bancos utilizan el sistema de *Yodlee* para proveerles el servicio de banqueo en línea a sus clientes. Si pruebas el sistema de tu banco y piensas que no ofrece suficiente funcionalidad, te recomiendo que configures tu cuenta en *MoneyCenter*. Este es uno de los servicios más sofisticados que te permite consultar y consolidar todas tus cuentas en un lugar, independientemente del banco en que se encuentren, además de ofrecer todas las funciones que ya he mencionado.

Otra opción gratuita para mantenerte al tanto del estado

de tus cuentas es *Mint.com*, un servicio al que puedes acceder a través de su sitio Web o sus aplicaciones móviles para iPhone y Android. Para que el sistema funcione, necesitas añadir la información de tus cuentas bancarias, tarjetas de crédito y, opcionalmente, tus planes de retiro. Después de conectar tus cuentas a *Mint*, el sistema analiza tus transacciones y los servicios financieros que estás utilizando y te recomienda alternativas de servicios, tarjetas de crédito y hasta de otros bancos que pueden ofrecer lo mismo por menos dinero.

Una de las funciones más útiles de esta plataforma es la que te permite crear un presupuesto. Al definir tu meta, el sistema te indicará barras de progreso y gráficas para ayudarte a alcanzar tu objetivo y mantenerte al tanto del estado de tus cuentas continuamente. Esto es importante para que no pierdas de vista tu objetivo final y el propósito de tus ahorros, ya sean tus próximas vacaciones en Hawái, los pagos universitarios de tus hijos, ahorrar para tu retiro o, simplemente, pagar tus deudas.

Sistemas alternativos a los bancos

Para recaudar los fondos que necesitas, ya sea para un proyecto, para capitalizar tu negocio o por razones personales, el procedimiento tradicional es el de solicitar un préstamo al banco. Después de analizar tu propuesta cuidadosamente, y si aceptan concederte la cantidad que pediste, las instituciones bancarias asumen el riesgo sobre el dinero que van a prestar y piden garantías colaterales como respaldo para recuperar su inversión en caso de incumplimiento del pago.

Con la nueva modalidad de financiamiento conocida como *crowd funding,* una alternativa a los mecanismos tradicionales de financiamiento, en vez de obtener una cantidad de dinero de una sola institución, es posible que una gran cantidad de personas done o preste pequeñas sumas para financiar un proyecto (desde una película, negocio o proyecto personal, hasta ayudar a una causa benéfica).

Ya sabemos que los hispanos preferimos pedirle dinero prestado a la familia y esto lo hacemos tratando de recibir la mayor cantidad de dinero de la menor cantidad de personas posible. Gracias al Internet, este modelo se ha invertido y ahora puedes pedirle pequeñas cantidades de dinero a muchas personas como tus amigos, familia y hasta personas desconocidas.

¿Cómo puedes conectarte con tanta gente que quiera contribuir a tu causa o proyecto a la misma vez?

Desde que el mundo es mundo, el poder de las masas siempre dependió de su proximidad física. Si no se podían organizar las personas en un lugar, era difícil lograr un objetivo colectivamente. Con el desarrollo del Internet, las redes sociales y la facilidad de conectarse con otras personas, estas multitudes pueden organizarse en el mundo virtual y pueden actuar en conjunto para lograr una meta común.

Por ejemplo, Allison Weiss, una joven cantante de Georgia necesitaba recaudar 2.000 dólares en tres meses para grabar su disco. Para lograrlo, colocó su solicitud en un sitio Web llamado *Kickstarter.com,* y ocho horas después, tenía el dinero disponible.

¿Cómo lo logró? Creó su perfil en *Kickstarter.com* con

un video muy informal y sincero comunicándole sus intenciones a sus amistades y a los visitantes del sitio. Casi de inmediato, cientos de personas habían contribuido pequeñas cantidades de dinero, a veces ofreciendo solo un dólar, y así Allison alcanzó su meta en un tiempo récord.

Sitios como *Prosper.com* y *Lendingclub.com* conectan a personas que necesitan préstamos con miles de inversionistas que prestan pequeñas cantidades a cambio a un porcentaje de retorno sobre el dinero invertido, mientras que sitios como *Kapipal.com*, *Rockethub.com* e *IndieGoGo.com* son más abiertos y tienen menos requisitos.

Cada sitio es distinto y especializado. Algunos están destinados a proyectos de caridad o a proyectos artísticos, mientras que otros son más apropiados para negociantes que necesitan lanzar un producto o servicio al mercado. Es importante consultar los requisitos de cada sitio para conocer la manera en que operan y si se adaptan o no a tus necesidades.

Estas alternativas de financiamiento se están volviendo cada vez más populares. Poco a poco, se están eliminando a los bancos como intermediarios, ya que puedes comunicar tu propuesta de proyecto directamente a las personas que te van a prestar o donar el dinero. Tu rescate económico puede estar en tus manos y en la capacidad que tengas de vender tu idea. Debido a que si les gusta tu propuesta muchas personas pueden contribuir pequeñas cantidades de dinero y así el riesgo financiero está distribuido entre una multitud de micro inversionistas. Por lo tanto, es más fácil conseguir apoyo para tu proyecto, no importa lo loco que parezca.

Únete a la generación del dinero digital

Aunque no lo creas, el sistema *PayPal* es una de las formas más importantes de intercambiar dinero en la Web hoy en día.

Tras su humilde comienzo en 1998 como empresa de encriptación de teléfonos móviles, se convirtió en un gigante que mueve más dinero por minuto que muchas instituciones bancarias gracias a la flexibilidad del sistema y su oferta de nuevos productos e iniciativas. *PayPal* no solo facilita transacciones en dólares estadounidenses, el sistema también acepta pagos en 25 monedas como el euro, la libra esterlina, el peso mexicano y el real brasileño. En el 2002, fue adquirido por el gigante bazar cibernético *eBay*.

Si quieres hacer transacciones seguras en línea sin revelar tu tarjeta de crédito a todos los sitios web donde compras, puedes utilizar el sistema de *PayPal* y de esa manera no estarás expuesto a riesgos potenciales. Con *PayPal*, también puedes utilizar tus cuentas bancarias directamente para hacer transacciones por Internet sin tener que preocuparte por la seguridad de las mismas.

¿Cuán importante puede ser esto para ti? Es muy simple: si quieres vender algo por Internet, necesitas tener una forma segura de poder cobrar. En los inicios del comercio por Internet y con el auge de *eBay*, las personas se enviaban cheques por correo normal y, como ya sabes... esto no es una forma eficiente de hacer negocios en la Web. Las transacciones se demoraban días en completarse y surgían problemas y malentendidos. *PayPal* intervino para ayudar a los vendedores y compradores de *eBay* a pagarse los unos a los otros, y no ha dejado de crecer desde aquel entonces. En el momento de escribir este libro, *PayPal* tenía más de 100 millones de usuarios activos y ganancias de más de 1.000 millones de dólares por trimestre.

Si deseas vender algo por Internet, *PayPal* debe estar en la lista de las formas de pago que aceptas, pero esta no es su única función. Si necesitas enviar dinero directamente a una persona, recibir dinero o enviar facturas a tus clientes, esta es una forma práctica y segura de hacerlo. ¿Por qué? Porque es un método instantáneo y fácil de utilizar, hasta para aquellas personas que no tienen mucha experiencia en computación. Tener una cuenta en *PayPal* es una buena introducción al mundo de las finanzas en línea, algo parecido a la comida procesada que los bebés prueban antes de poder comer comidas sólidas.

PayPal también brinda la posibilidad de aceptar tarjetas de crédito rápidamente en tu sitio Web, en vez de tener que esperar por un largo proceso de solicitud a un banco para una cuenta de comerciante. Para un negocio pequeño, el proceso de facturación puede ser muy conveniente, sobre todo si estás corto de dinero y tu cliente puede pagar de inmediato. De esta manera, los fondos pueden estar disponibles instantáneamente y no tienes que escuchar con tanta frecuencia la mentira más popular en el mundo de los negocios: el cheque está en el correo.

Otra ventaja que ofrece este sistema es protegerte a la hora de comprar en línea, porque te asegura contra el fraude, confusiones en las cuentas, representaciones inadecuadas del estado de un producto o sencillamente si recibiste un producto dañado. Como *PayPal* es parte de *eBay,* cualquier artículo que compres estará sujeto a los mismos estándares de calidad para asegurar tu satisfacción.

Pagos móviles y rápidos

Las tarjetas de crédito que utilizamos hoy en día no siempre fueron una opción para pagar tus compras. A principios de los años 40, American Express y Diners Club popularizaron las tarjetas de cargo, el precursor de las tarjetas de crédito, con las cuales necesitabas pagar el monto total que habías consumido a fines de mes. No fue hasta 1958 que American Express y BankAmericard (que hoy conoces como Visa) crearon las primeras tarjetas de crédito respaldadas por una organización financiera, permitiendo a los usuarios pagar sus deudas a plazos.

Estas tarjetas no fueron populares de inmediato porque no existía la infraestructura para procesar las transacciones, pero con el tiempo esto cambió. Al principio, estas tarjetas eran promocionadas para los vendedores y viajantes y se anunciaban como una conveniencia para ahorrar tiempo pero no necesariamente como una forma de obtener dinero prestado. En solo unos años, a principio de la década del 60, otras compañías se sumaron para ofrecer y procesar más variedades de tarjetas de crédito y el resto es historia.

Si quieres operar un negocio hoy en día, no importa lo que vendas, es muy posible que necesites aceptar tarjetas de crédito y débito. Con el auge de las mismas, ya casi nadie compra con dinero en efectivo. Si solo las personas que llevan dinero en efectivo pueden acceder a tu negocio, tus opciones serán considerablemente limitadas.

Tradicionalmente, obtener sistemas de procesamiento de tarjetas de crédito era un proceso trabajoso para los comerciantes pequeños. Estos sistemas eran controlados por empresas que no solo cobraban una gran cantidad por las máquinas para procesar tarjetas de crédito sino que, en muchos casos, también cobraban una mensualidad por el privilegio de utilizarlas. Además, te cobraban un porcentaje sobre cada transacción procesada. Estos porcentajes no parecían ser altos al principio, pero con el tiempo, esta conveniencia podía equivaler a una suma considerable de dinero. Pero si no ofrecías esta facilidad, podías perder clientes y hasta tu negocio.

Las máquinas de procesar tarjetas de crédito no son más que computadoras que cumplen una sola función: leer la tarjeta y llamar a un número de teléfono que se conecta con una computadora central para verificar la transacción. Al aprobar la venta, el sistema notifica a tu banco o compañía de tarjeta de crédito que deduzca la cantidad señalada y la deposite en la cuenta de la empresa que está vendiendo el producto.

Estas máquinas no tienen nada de sofisticado. Un teléfono inteligente tiene muchísima más capacidad de procesamiento que ellas porque tiene la facilidad de establecer una conexión de datos. En poco tiempo nacieron empresas que capitalizaron en esta tendencia para simplificar la industria de los pagos móviles.

Hay dos sistemas que recomiendo para procesar pagos móviles: *Intuit GoPayment* y *Square*. Estas organizaciones proveen un lector magnético portátil que se conecta a tu teléfono inteligente y una aplicación que instalas gratuitamente en el mismo para procesar tarjetas de crédito prácticamente en un abrir y cerrar de ojos.

Para obtener un lector portátil, necesitas crear una cuenta en el sitio y, después de proveer tus datos básicos, recibirás el lector de tarjetas por correo sin costo alguno. Puedes utilizar estos lectores de tarjetas para procesar transacciones en tu negocio y hasta para dividir la cuenta de un restaurante con tus amigos. Este es un buen ejemplo de la democratización de servicios, que antes solo estaban disponibles para el uso comercial y que, gracias a los avances tecnológicos, ahora están al alcance del individuo. Con estos servicios, puedes eliminar el dolor de cabeza de pagar mensualidades por equipos arcaicos que tienes que estar financiando aunque no proceses ni una transacción.

Estos servicios también ofrecen varias otras funciones útiles. Por ejemplo, en vez de tener una máquina para imprimir recibos cuando un cliente hace una compra, ahora puedes firmar en la pantalla del teléfono y el cliente puede recibir su comprobante vía correo electrónico o mensaje de texto. Estas aplicaciones también están integradas con los sistemas de manejo financiero con acceso a reportes de ventas por artículos para optimizar tu inventario y clasificar tus ventas.

Por supuesto, estas empresas cobran un porcentaje por transacción y es importante que verifiques las tasas si consideras utilizarlos. Sin embargo, vale la pena explorar estos servicios debidos a su flexibilidad.

Las nuevas generaciones de teléfonos inteligentes contienen un chip para comunicaciones de proximidad conocidas en inglés como *near field communications,* que permiten utilizar el teléfono móvil como una tarjeta de crédito o débito. El gigante de Internet *eBay* pronostica que para el 2015 las billeteras tradicionales serán una reliquia del pasado y el dinero digital será aceptado a través de los Estados Unidos. No creo que tengas que deshacerte de tu billetera basado en este vaticinio pero, si tienes un negocio, es importante que consideres seriamente comenzar a aceptar estos métodos de pago.

Manteniendo las finanzas en orden

Mantener la contabilidad es un dolor de cabeza para muchos dueños de negocios y un proceso tedioso. En mi opinión, las personas que no se portaron bien en otras vidas anteriores, se reencarnaron como contadores. Si eres contador y estás leyendo este libro, debes notar que mi frustración es una especie de admiración oculta por tu capacidad de sacarle provecho a los números.

A la hora de llevar las finanzas, es importante que utilices un software que te ayude a mantener el control, y el sistema más popular sin duda es *QuickBooks*. Este software organiza las transacciones para que puedas mantenerte al tanto de lo que está pasando con tus finanzas desde la computadora de tu casa o tu teléfono móvil.

Como el programa está instalado en los servidores de la empresa, no tienes que preocuparte por las actualizaciones y nuevas versiones que constantemente necesitan ser aplicadas a los sistemas de contabilidad debido a nuevas funciones, cambios en las tasas de interés y hasta cambios en el código de impuestos. Existen tres versiones de *Quick-*

Books en línea dependiendo de la cantidad de funciones que necesites. Estas variarán ya se trate de un pequeño negocio o una empresa con múltiples empleados (para este caso existe un sofisticado sistema de permisos para separar las distintas áreas de la contabilidad).

El sistema básico permite contabilizar las ventas y los gastos, crear facturas profesionales y hacer reportes de pérdidas, ganancias y ventas. También puedes utilizarlo para mantener la información de contacto de tus clientes y, sobre todo, de la cantidad de dinero que te deben y las transacciones que han realizado contigo.

Otras funciones incluidas en las versiones más avanzadas son la integración con los sistemas de banco en línea y un sistema de comparación que analiza tu negocio y lo compara con los demás en tu sector para monitorear tu rendimiento. Con este sistema, también puedes estudiar los proyectos de otras empresas, llenar formularios para licitaciones del gobierno y mantener tu inventario.

En pocas palabras: 7 conceptos claves de este capítulo

- El 78 por ciento de las personas que utilizan los servicios bancarios en línea reconocen que esta práctica les ha permitido tener un mayor control sobre sus finanzas.
- La mejor manera de evitar el fraude en tu cuenta es estar al tanto de lo que está pasando a diario, utilizando los servicios bancarios en línea, y no esperar a que llegue tu estado de cuenta al final del mes.
- Varios sistemas bancarios en línea ofrecen alertas de transacciones de sumas grandes de dinero, o gastos que

se encuentran fuera de tu comportamiento normal, que te pueden servir de aviso para evitar un posible fraude en tu cuenta.

- Con la nueva modalidad de financiamiento conocida como *crowd funding,* una alternativa a los mecanismos tradicionales de financiamiento, en vez de obtener una cantidad de dinero de una sola institución, es posible que una gran cantidad de personas done o preste pequeñas sumas para financiar un proyecto.
- Si haces transacciones por Internet, ya sea de compra o venta, debes considerar el sistema *PayPal* para realizar estas gestiones de una manera fácil y segura.
- Un buen sistema con un software fácil de utilizar para mantener la contabilidad es *Quickbooks.*
- Las nuevas generaciones de teléfonos inteligentes contienen un chip para comunicaciones de proximidad conocidas en inglés como *near field communications,* que permiten utilizar el teléfono móvil como tarjeta de crédito o débito.

Recursos mencionados en este capítulo

Yodlee.com
Empresa que provee servicios en línea a muchas instituciones financieras y que ofrece un servicio llamado *Money-Center* para poder acceder a tus cuentas bancarias en línea.

Mint.com
Sitio que te permite crear una pizarra financiera de tu presupuesto en línea para optimizar tus gastos.

Kickstarter.com, Prosper.com y Lendingclub.com
Sitios que conectan a personas que necesitan préstamos con miles de inversionistas que prestan pequeñas cantidades a cambio de un porcentaje de retorno sobre el dinero invertido.

PayPal.com
Una de las formas más importantes de intercambiar dinero en la Web hoy en día que permite realizar transacciones de una manera fácil y segura.

Intuit GoPayment y Square
Organizaciones que proveen un lector magnético portátil que se conecta a tu teléfono inteligente con una aplicación gratis para procesar tarjetas de crédito.

QuickBooks
El software más popular para llevar la contabilidad y finanzas personales o de negocios, también disponible para los teléfonos móviles.

Para más información, recursos y actualizaciones visita *http://www.libroelsalto.com.*

6

...

ahórrate

"Muchas personas piensan que no saben ganar dinero, cuando lo que no saben es cómo utilizarlo". —FRANK HOWARD CLARK

"El dinero es solo una herramienta. Te llevará a donde desees, pero no te va a reemplazar a ti como el conductor". —AYN RAND

Hay pocas cosas en la vida tan satisfactorias como gastar dinero en artículos que deseamos obtener, sean o no necesarios. Los buenos publicistas saben que estamos constantemente buscando una excusa psicológica para abrir nuestras billeteras. Por eso, a través de investigaciones multimillonarias, han descubierto una serie de cualidades con las que nos identificamos personalmente y que nos hacen añorar un producto o servicio de una manera casi compulsiva, aunque no esté necesariamente a nuestro alcance.

Utilizando armas de influencia masiva, nos bombardean con anuncios en la radio, televisión, los periódicos, el Internet y a través de las redes sociales, que inconscientemente nos crean la necesidad de poseer los productos que están promocionando. Después de comprar este nuevo auto del año, bolso de Louis Vuitton, reloj de Rolex o vestido de Oscar de la Renta, sentimos una satisfacción profunda que es reforzada por las personas que nos rodean al celebrar nuestra "conquista". Por supuesto, nadie te va a preguntar si tuviste que endeudarte para obtener estos objetos pero, si eres como la mayoría de las personas en el mundo desarrollado, eso fue exactamente lo que hiciste.

Hay una cualidad que podría salvarnos de esta tendencia, pero con cada día que pasa, parece alejarse de nuestro alcance. En su libro *No te comas el marshmallow... ¡todavía!*, el Dr. Joachim de Posada relata un experimento que muy bien podría haber cambiado la manera en que reaccionamos ante las decisiones financieras, si solo hubiéramos tomado sus resultados en serio.

El experimento consiste en lo siguiente: un equipo de investigadores coloca un delicioso *marshmallow*, esponjoso y azucarado, delante de un grupo de niños de preescolar. Luego les advierte: "En quince minutos vamos a regresar, si no te has comido el *marshmallow*, te vamos a dar otro igual, así tendrás dos *marshmallows*". En la mente de un inversionista, esta es una ganancia del 100 por ciento sobre la inversión, pero para los muchachos, quince minutos con un *marshmallow* delante equivale a una eternidad. Como era de esperar, algunos de los niños tuvieron paciencia y esperaron, mientras que otros no pudieron resistir la tentación y se comieron el delicioso dulce de un mordisco, saboreando el amargo sabor de la satisfacción instantánea. Años después, siguieron a los muchachos de ambos grupos y encontraron que los que pudieron aguantar el impulso de comerse el *marshmallow* inmediatamente fueron más exitosos que los que no pudieron resistir la tentación. Esto demuestra el poder de la gratificación demorada. En otras palabras, el que puede controlar sus impulsos inmediatos logra un mejor resultado a largo plazo.

Según Dave Ramsey en su libro *The Total Money Makeover: A Proven Plan for Financial Fitness,* "es parte de la naturaleza humana querer obtener algo y quererlo ahora. También es una señal de inmadurez. Sin embargo, nuestra sociedad nos enseña a vivir en el momento. Lograr lo que queremos, cuando lo queremos, nos hace muchas veces entrar en deudas y obtener las cosas antes de poder costearlas".

Hay una gran diferencia entre nuestras decisiones lógicas y emocionales. Por mucho que tratemos de seguir la lógica de ahorrar y ser frugales, es muy posible que las emociones tomen posesión de nuestra billetera y terminemos "comiéndonos el *marshmallow*". Esto nos lleva a tomar decisiones que nos van a satisfacer de inmediato pero que vamos a lamentar a largo plazo.

Es más fácil conservar el dinero que ya tenemos que tratar de que mágicamente aparezcan más fondos en nuestras cuentas. Los milagros ocurren raramente y, desafortunadamente, muchas personas están esperando ganarse la lotería para resolver sus problemas. Las posibilidades de ganarse la lotería son prácticamente nulas, pero todavía conozco a personas que piensan que esta será su salvación financiera divina. No tengo que recordarte que la probabilidad matemática de ganarte el "premio gordo" de cualquier lotería es prácticamente cero.

En este capítulo vamos a discutir maneras divertidas

y útiles de aprovechar mejor las tecnologías a las que ya tienes acceso para sacarles provecho y conservar lo que actualmente posees. Estas herramientas te ayudarán a ahorrar dinero en tus compras y a planificar tus gastos para acumular riqueza en vez de deudas. Vamos a comenzar por un aparato que estoy seguro que tienes en tu bolso o bolsillo ... tu teléfono móvil.

Ahorrando con tu móvil

La manera de hacer las compras ha cambiado radicalmente en los últimos años. Una nueva generación de consumidores armados con teléfonos inteligentes en mano está utilizando aplicaciones para comparar artículos mientras visitan las tiendas, aterrorizando a los dueños de dichos establecimientos. Antes, te podían ofrecer un especial para atraerte al local y allí poder venderte otros productos a precios más elevados. Esa estrategia conocida como el *bait-and-switch,* es cada día más difícil de ejecutar gracias al desarrollo del Internet y a la industria de los teléfonos móviles. Por eso las tiendas de electrodomésticos y otros artículos de alto precio corren el riesgo de convertirse en una especie de museo donde las personas van a examinar un equipo para después conseguirlo más barato en línea o en otra tienda.

Los teléfonos inteligentes cuentan con elementos muy importantes: una cámara fotográfica, un sistema de localización que utiliza las redes inalámbricas a tu alrededor y los satélites de posicionamiento global (o GPS) para saber dónde te encuentras, y una conexión a Internet. La información generada por estos elementos es entonces utilizada por aplicaciones móviles para comparar precios de manera instantánea y ayudarte a conseguir el mejor precio a la hora de comprar un artículo.

Para comenzar la investigación necesitas usar la aplicación más popular de tu teléfono, después de la de hacer llamadas y mandar mensajes de texto. Sí, me refiero al navegador de Internet. Navega a la página de tu motor de búsqueda preferido ya sea *Bing, Google* o *Yahoo* y escribe el modelo del equipo que quieres comprar en la caja de búsqueda. En instantes podrás comparar los precios del modelo que te interesa y estoy seguro que vas a encontrar una variedad de precios y opciones.

Si encuentras un precio muy bueno y vas a comprar en línea, asegúrate de que el costo del envío no exceda tus ahorros, y no te olvides de verificar la póliza de devolución y la garantía del producto en caso de que tengas un problema o te sientas insatisfecho por alguna razón.

Si eres como yo, no te gusta comprar muchos de estos artículos sin verlos ni probarlos con tus propias manos. Por eso, te recomiendo primero visitar la tienda que se especializa en el equipo que quieres comprar. Allí, puedes hablar con el vendedor para que te explique lo que necesitas saber, te haga una demostración, y cuando estés convencido de que este es el equipo que deseas, entonces debes averiguar si te están ofreciendo el mejor precio.

¿Cómo puedes hacerlo? Instalando en tu teléfono una nueva generación de aplicaciones tales como *Google Shopper*. Estas aplicaciones pueden leer el código de barras de un producto y automáticamente realizar una búsqueda comparativa en línea. En solo segundos, tendrás más información sobre el producto, evaluaciones de otros consumidores y hasta un listado de otras tiendas, tanto en línea como a tus alrededores, que están ofreciendo este artículo a un precio más competitivo.

Si no encuentras el código de barras, también puedes tomarle una foto a la portada del artículo que deseas comprar. Si se trata de libros, CDs, DVDs y juegos, el sistema va a reconocer visualmente el producto y te proveerá precios comparativos y más información. *Google Shopper* también guarda un archivo de los productos que has buscado y permite compartir tus resultados con tus amigos por correo electrónico o a través de redes sociales.

También hay aplicaciones que puedes instalar en las plataformas más populares de teléfonos inteligentes como el Android y el iPhone, que se especializan en comparaciones de productos. *PriceGrabber* es una aplicación gratis que te ayuda a encontrar el precio más bajo entre millones de productos ofrecidos por miles de comerciantes en línea. Solo necesitas introducir la marca y el modelo del producto en la sección de búsqueda o usar la función de reconocimiento del código de barras, como el que usan las cajeras de las tiendas para cobrarte por tu compra. Además de ver los diferentes precios, podrás leer evaluaciones sobre ese mismo producto escritas por individuos que ya lo compraron. *PriceGrabber* también ofrece una calificación generada por los usuarios sobre los distintos comerciantes que ofrecen el producto que deseas comprar.

Con estas aplicaciones y muchas otras que puedes instalar gratuitamente en tu teléfono inteligente, no vas a necesitar pasarte horas investigando en línea porque ahora tendrás acceso instantáneo al mejor precio de cada artículo.

Ahorrando con cupones

Si tu pasión es la de recortar cupones y ahorrar buscando los especiales, hay otras aplicaciones que te ayudan a ahorrar en artículos de consumo diario como las compras del mercado. Aplicaciones como *Grocery iQ* te permiten organizar tu lista de compras y encontrar cupones para imprimir y recortar.

Debido a su facilidad de acceso, los cupones en línea se están volviendo increíblemente populares. Los ahorros varían, pero hay una gran cantidad de descuentos para todo tipo de productos y servicios, desde las compras de supermercado y equipos electrodomésticos, hasta para actividades recreativas como boletos para conciertos o juegos deportivos.

La lista de sitios y fuentes para obtener cupones y descuentos es prácticamente interminable. Entre los sitios más populares se encuentran *Coupons.com, Grocerygame. com, Retailmenot.com* y *Couponcabin.com.* Al visitarlos, puedes escoger el producto o la tienda en la que deseas ahorrar, o sencillamente navegar los especiales que ofrece el sitio para obtener un código de descuento o un cupón que puedes imprimir y llevar a la tienda.

En el caso del código de descuento, lo vas a utilizar en el momento de pagar cuando realices tu compra en línea. Normalmente, vas a encontrar una cajita para ingresar el código de descuento al procesar la orden y verás el precio descontado. Los cupones impresos son el equivalente a los cupones que recortas del periódico. Sencillamente se los muestras a la cajera a la hora de hacer las compras y listo.

Cupones diarios y descuentos de grupo

Los descuentos de grupo se han vuelto una fiebre este último año porque ofrecen ahorros substanciales sobre servicios locales como restaurantes, atracciones, tiendas, hoteles, spas y mucho más. Entre los sitios principales se encuentran *Groupon.com* y *Livingsocial.com*.

Hay muchísimos otros sitios que están intentando capitalizar en esta sensación, pero como siempre, los que llegaron primero se llevan la mayor parte del mercado. ¿Cómo funcionan estos sitios?

Al igual que el sistema de compras al por mayor, si compras cantidades grandes de un producto, ganas como consumidor porque el precio por unidad es más barato. Estos sitios están siendo utilizados por consumidores que quieren ahorrar en grande y por comerciantes locales que quieren atraer a los clientes a su negocio. En muchos casos, puedes ahorrarte hasta un 75 por ciento en tus compras.

Una vez que tienes tu cupón de descuento prepagado, solo tienes que visitar el establecimiento para redimirlo. Por ejemplo, hace poco recibí un especial a través de uno de estos sitios para un restaurante japonés que ofrece una cena completa para una pareja con un descuento del 50 por ciento sobre el precio original. El restaurante estaba escondido en un edificio cerca de la casa que nunca hubiéramos visitado si no hubiera sido por este descuento. Conocimos al dueño del establecimiento, la pasamos bien, y uno de nosotros cenó "gratis". Ahora el dueño del restaurante tiene nuevos clientes que muy posiblemente no hubiera conseguido de otra manera. En otras palabras, todo el mundo gana.

Debido a la cantidad de sitios de cupones y especiales

que existen, se ha creado una aplicación móvil que los reúne a todos, *Thedealmap.com*, que puedes utilizar para no perderte ningún especial porque reúne los mejores especiales de los sitios de descuento en un grupo.

Ahorrando al viajar

A la hora de planear tus vacaciones, lo más frustrante es comprar tu boleto de avión. Un día puedes encontrar una tarifa de Los Ángeles al D.F. por $350 y el día siguiente puede costar $600. Esto no tiene sentido para nosotros pero te garantizo que está fríamente calculado por las aerolíneas.

Las aerolíneas fueron unas de las primeras empresas visionarias que se unieron a la revolución tecnológica, instalando sistemas de reservaciones computarizados cuando las computadoras personales todavía eran del tamaño de oficinas y las más pequeñas parecían refrigeradores. Desde entonces, han estado recolectando y analizando datos sobre los hábitos de viaje de sus clientes y, por eso, comprenden mejor que nadie el concepto de oferta y demanda del mercado.

En el 2003, el científico en el campo de la computación Oren Etzioni fundó la empresa Farecast, que rápidamente ganó popularidad debido a la calidad y precisión de sus predicciones. La tecnología fue tan exitosa que Microsoft compró la compañía por 115 millones de dólares y la incorporó para utilizarla en su motor de búsqueda, *Bing*. Hoy en día puedes acceder la tecnología de Farecast visitando www.bing.com/travel.

Utilizar el sitio es muy sencillo. Ingresas el origen y el

destino de tu viaje y allí es cuando la magia comienza. Si estos aeropuertos están siendo monitoreados por el sistema, *Farecast* te ofrece una predicción sobre la decisión que debes tomar; si debes comprar el boleto en ese instante o esperar uno días. Basándose en estadísticas, el sistema te avisa lo que va a suceder con el precio del boleto, es decir si va a subir, bajar o permanecer igual por un determinado periodo de tiempo.

Una de las reglas de oro que descubrieron después de analizar las estadísticas de los precios de más de 170.000 millones de boletos, es que el momento más barato para reservar tu asiento es entre ocho y dos semanas antes de tu viaje. Si lo compras antes, no ahorras dinero excepto en las temporadas de alta demanda como las Navidades, el Día de Acción de Gracias o durante el verano.

El mito de que si te quedas un sábado ahorras dinero en el precio del boleto durante el verano, ya no se aplica durante épocas de gran demanda, así que si viajas durante la semana puedes ahorrar en grande.

El consejo más importante para viajar, sobre todo en los días feriados, es simple. Quédate un día más. En esos días, todo el mundo decide viajar porque generalmente hay un fin de semana extendido. Si puedes prolongar tu viaje de un día extra y viajar al día siguiente, no solo puedes ahorrarte más de 100 dólares por boleto, sino que vas a evitar las multitudes, las líneas y las demoras que acompañan a la muchedumbre.

¿Te acuerdas de las agencias de viajes? Ese sitio prehistórico donde te organizaban tus viajes y ganaban una comisión sobre tus vacaciones. Bueno, todavía no se han extinguido pero con el Internet y los sitios para coordinar los viajes a los que pueden acceder los usuarios directamente, ahora tú eres tu propio agente de viajes sin haber estudiado para este oficio. Aquí tienes algunos consejos para ayudarte a planear tus próximas vacaciones o viaje de negocios.

A la hora de buscar un hotel puedes consultar muchos sitios, pero lo más importante es no casarte con uno solo. Si usas *expedia.com*, compara las tarifas con las de *Booking.com*, *Orbitz.com*, *Priceline.com* y *Kayak.com* para tener varios puntos de referencia del mismo hotel, pues los precios varían de sitio a sitio dependiendo de los acuerdos que estos tienen con los hoteles. Si haces esta pequeña diligencia, te puedes ahorrar fácilmente un 10 por ciento del precio de la reservación. En muchos casos, puedes encontrar especiales y promociones ofrecidas exclusivamente por un sitio.

En cuanto al misterio de reservar un hotel o visitar una atracción, finalmente podemos descansar ya que sitios como *Tripadvisor.com* te muestran la opinión y experiencia de otros viajeros sobre su estancia en un hotel, visita a un lugar histórico o al restaurante que estás considerando.

En estos sitios las opiniones varían, pero si te detienes a leerlas te vas a dar cuenta de que si, por ejemplo, estás buscando hoteles de un rango, los malos son los más fáciles de identificar ya que la gente es más propensa a quejarse que a escribir un elogio.

Siempre visita el sitio web del hotel donde te quieres hospedar y compara las tarifas. A veces tienen promociones especiales que no están disponibles a través de los sitios de viajes. Hace unos días me di cuenta de que un hotel en Barcelona en el que nos íbamos a quedar era prácticamente nuevo, solo llevaba un par de meses desde su apertura y ni los taxistas de la zona lo conocían todavía. Gracias a esto, pagamos solo un tercio de lo que nos hubiera costado la reservación en un hotel de esta categoría y nos sentimos como unos huéspedes de lujo estrenando el lugar.

Compra tecnología reformada y ahorra en grande

A la hora de comprar una nueva computadora u otro equipo electrónico, a veces esperamos a que las tiendas tengan ofertas o eventos especiales para ahorrar en una compra que suele ser costosa. Desafortunadamente, a veces tenemos que comprar por necesidad y no tenemos tiempo para esperar. Allí es cuando nos atrapan y terminamos pagando el precio más alto por un producto que podríamos haber conseguido por mucho menos.

Si puedes comprar un producto electrónico y ahorrarte dinero... ¿por qué existen personas a las que les gusta pagar cientos de dólares más para tener una caja nueva que luce bonita, si lo que viene adentro es lo mismo? Sé lo que estás pensando... "Ariel se volvió loco. ¿Qué tiene que ver una caja con ahorrarse dinero a la hora de comprar equipos electrodomésticos?". Ahora te cuento.

Me parece que existe una gran confusión en cuanto al término "reformado" o *refurbished*. Voy a admitir que la palabra es un poco fea. "Reformado" suena a algo que se les hace a los prisioneros de guerra o a alguna reparación que se hace a automóviles o muebles viejos.

Pero... ¿qué significa realmente en el mundo de la electrónica?

Aquí tienes algunos ejemplos de productos electrónicos, como una computadora o una televisión digital de pantalla plana, que ahora se consideran "reformados":

A veces la caja que envuelve un producto sufre daños externos en el contenedor del barco, el almacén o el camión que lo distribuyó. La tienda que la recibe la manda de regreso al fabricante porque no luce tan atractiva como las demás. El fabricante entonces abre la caja y prueba el producto. Si está defectuoso, este se arregla, y vuelve a pasar por el mismo sistema de control de calidad utilizado para los productos nuevos. Luego es colocado de nuevo en una caja pero, por ley, no puede ser una caja nueva… se pone en una caja de cartón corrugado común y corriente y se vende como producto reformado a un precio de descuento.

En otros casos, el producto podría haber sufrido algunos daños cosméticos como un golpe u otro defecto visible. Por supuesto, los dueños o gerentes de las tiendas no quieren vender estos productos a descuento así que… ¿adivina lo que hacen? Adivinaste… lo mandan de regreso al fabricante.

¿Qué hace el fabricante? Cambia la pieza que está mala por una nueva y pasa el producto nuevamente por el sistema de control de calidad. El producto es reempacado en una caja de cartón común y corriente y ahora se considera reformado y se vende a descuento.

¿Qué tal si el producto no pasa la prueba de calidad la primera vez y el problema es identificado antes de que el producto salga de la fábrica? ¡Adivinaste de nuevo! Se arregla el problema, pasa por el control de calidad, es reempacado como reformado y se vende a descuento. ¿Vez algún patrón en estos ejemplos?

Otras posibles causas que convierten a un producto en "reformado" son que se haya abierto la caja por error, que la tienda haya ordenado demasiado inventario, que se hayan mojado las cajas con agua o, sencillamente, que el producto haya sido devuelto por el cliente.

Comprar algo reformado no debe percibirse como algo malo. Después de todo, yo por lo general no me siento mal por ahorrar dinero, especialmente si se trata de un cambio de cajas. Sólo asegúrate de que el producto tiene la cobertura de la garantía.

Cuando vayas a la tienda la próxima vez, averigua si el producto que estás buscando se vende reformado y dime cuánto te ahorras...

Cuídate de los vampiros eléctricos

La *Greener Gadgets Conference* expone anualmente lo último en diseño sostenible de equipos electrónicos y accesorios. Una de las últimas tendencias que me llamó la atención fue el manejo inteligente de la electricidad tanto en la casa como en los negocios. Estas tecnologías tienen el potencial de ahorrarte dinero reduciendo el gasto innecesario de los equipos conectados a la corriente.

Según el Departamento de Energía, en tu casa usas un 9 por ciento de la electricidad para computadoras y electrónicos, otro 9 por ciento para electrodomésticos y un 11 por ciento para iluminación. Esto representa un tercio del total de energía que utilizas a diario. Pero una gran parte de esta electricidad se la está chupando un vampiro, que no tiene nada que ver con Drácula.

Este "vampiro", o energía fantasma, es la electricidad que usa un equipo eléctrico cuando está apagado. Es la cafetera que está calentando agua constantemente, la impresora que está a la espera de algo para imprimir y, generalmente, todos los equipos que tienen luces pequeñas encendidas cuando no se están usando. Poco a poco, estos gastos se van sumando y cuando te das cuenta, estás pagando mucho más de lo necesario.

Una manera inteligente de resolver este problema es utilizar la tecnología creada por la empresa ThinkEco, fabricantes del aparato *modlet*. Simplemente conectas el *modlet* a tus tomacorrientes y allí enchufas tus aparatos electrónicos. Tan pronto haces la conexión, el *modlet* se comunica con un software en tu computadora donde puedes ver cuánta electricidad está utilizando cada aparato. Con esta información en mano, puedes crear un programa individualizado de consumo de energía para tu casa o negocio, apagando automáticamente las tomas de los equipos que no se usan.

Después de dos semanas con las nuevas salidas eléctricas inteligentes conectadas, el software te va a recomendar cuáles son las mejores configuraciones. Este sistema te permite ahorrar casi automáticamente un 10 por ciento de tu consumo de energía. Por menos de 20 dólares por cada salida eléctrica en que la utilices, puedes tener un retorno de la inversión en menos de seis meses.

Uno de los mayores ofensores en la casa son las computadoras, que utilizan mucha energía en modo de reposo y cuyos accesorios consumen electricidad continuamente. La empresa TrickleStar creó un protector de alimentación eléctrica con una conexión de USB para detectar cuándo tu computadora está encendida o apagada. Cuando la computadora está apagada, le cierra el circuito de corriente a los accesorios. De esa manera, no tienes bocinas, monitores y accesorios chupando energía sin hacer nada cuando no estás utilizando tu computadora.

Aunque para lograr los mayores ahorros de energía hay que economizar en los calentadores de agua, las calefacciones y aire acondicionados, hay que darse cuenta de que, en promedio, tenemos más de 30 aparatos eléctricos en cada casa. Cuando se suman los ahorros a mediano y a largo plazo, no solo estás ayudando al planeta, sino que también estás cuidando tu bolsillo.

Ahorros de temporada

La mayoría de las compras grandes se hacen en ciertas temporadas como el regreso a la escuela, Navidades, etc., ya sea por tradición o porque las tiendas ofrecen especiales en estas épocas. Las herramientas y sitios que hemos mencionado en este capítulo sirven en estas épocas también, pero debemos considerar herramientas especiales que nos ayudan a ahorrar por temporada.

Regreso a la escuela

El regreso a la escuela es estresante no solo para los estudiantes, sino también para los padres. Hay muchas necesidades a considerar, artículos que comprar y, en estos tiempos, no mucho dinero para gastar.

Este es un buen momento para comprar una computadora y probablemente, no habrá otro mejor hasta el Día de Acción de Gracias. Hay muchas ofertas en línea y directamente de los fabricantes, pero no subestimes las librerías de las escuelas. Aunque los libros para los estudiantes tienen muchas veces precios exorbitantes, al comienzo de la escuela pueden ofrecer descuentos en computadoras y equipos electrónicos que son casi imposibles de encontrar en ningún otro lado.

Las tiendas de equipos electrodomésticos normalmente ofrecen descuentos educacionales que están destinados a los maestros y estudiantes. Para obtenerlos vas a tener que responder algunas preguntas que prueben tu relación con una institución educacional o vas a necesitar algún tipo de identificación como maestro o estudiante.

Uno de los componentes que suben el costo de una computadora es el software, ya se trate de programas para procesar texto o la subscripción a un antivirus. Trata de no gastar dinero en software para tus hijos hasta que no hables con la escuela. Muchas veces estas instituciones tienen planes con precios especiales y a veces es posible obtener los programas gratuitamente.

El "viernes negro"

La época de las ventas masivas y de los especiales más jugosos del año es el viernes después de *Thanksgiving*, o el Día de Acción de Gracias, conocido popularmente como "viernes negro" o *Black Friday*. ¿Estás listo para las multitudes, la falta de estacionamiento, los empujones, la locura y la frustración? Si no confías en las compras en línea y quieres ahorrar en grande, entonces toca visitar las tiendas en el día en que comprar se vuelve un deporte de contacto.

Usa el Internet para hacer tu tarea

No te conformes con los especiales que ves por televisión ni con los cupones que te llegan por correo. Utiliza el Internet para investigar los especiales que te interesan antes del viernes negro así tienes toda la información necesaria de antemano y puedes organizar tu plan de ataque coordinado. Para encontrar cupones y ver los especiales de las tiendas más populares, puedes visitar sitios como *Myblackfriday .com, Blackfriday.info* y *Retailmenot.com* entre otros.

Compara los precios

Visita sitios como *Pricegrabber.com* y *Shopping.yahoo .com.* Allí vas a poder comparar los precios de las distintas tiendas por adelantado y ver dónde se encuentran las mejores ofertas de los artículos que estás buscando.

Utiliza aplicaciones móviles

Si vas a visitar un gran centro comercial, hay varias aplicaciones que puedes instalar en tu teléfono móvil que fueron diseñadas para ayudarte a encontrar los mejores precios a tus alrededores. Si tienes el sistema operativo Android en tu teléfono inteligente, te recomiendo una aplicación llamada *Black Flyday*. Este programita utiliza el GPS del teléfono para mostrarte las ofertas que están ocurriendo a tus alrededores. Es fácil de usar, y no sólo te informa sobre ventas y especiales, sino que también te permite compartir esta información con tus amigos por *Facebook*. Esta aplicación, que está disponible en español, normalmente es gratis si la instalas antes del "viernes negro". Otra aplicación gratuita para iPhone es *TGI Black Friday*. Con ella puedes consultar más de 10 mil especiales en distintas tiendas o puedes hacer una búsqueda por categoría. Adicionalmente, puedes utilizar aplicaciones que he mencionado anteriormente como *Google Shopper*.

Usa los medios sociales

Si buscas #*blackfriday* en *Twitter* podrás encontrar muchísimas tiendas que promocionan especiales para ese día. No necesitas ser un experto de *Twitter* para sacarle provecho a esta opción, pero te advierto que hay demasiada información que te puede atormentar si no estás acostumbrado a este formato. Si sigues a tus tiendas y marcas favoritas en *Twitter*, también encontrarás especiales exclusivos publicados para la fecha. *Facebook* tampoco se queda atrás. Allí puedes unirte a la página *Blackfridaydeals.com* que estará publicando especiales y, por supuesto, enterarte también de lo que está pasando a través de tus amigos.

Como las compras en esta época se han vuelto un deporte, es tu deber como atleta entrenarte física y mentalmente para que el día de la gran competencia puedas llevarte algunos premios a la casa.

Después de *Black Friday*, llega *Cyber Monday*

Si te decidiste a evadir las multitudes del "viernes negro" no te preocupes, no todo está perdido. El *Cyber Monday*, el lunes de la semana entrante, puedes aprovechar muchas ofertas que se trasladan al Internet. Ahora tienes la libertad de comprar sin tener que pelearte por un espacio de estacionamiento.

El nombre *Cyber Monday* fue creado cuando las tiendas se percataron del gran número de personas que iban a ir a hacer sus compras por Internet el lunes después del Día de Acción de Gracias. A pesar de la crisis financiera, la empresa Comscore reportó que en el 2009 las ventas durante *Cyber Monday* ascendieron a 887 millones de dólares y que más de la mitad de las compras fueron efectuadas desde computadoras de oficinas.

Los especiales de *Cyber Monday* son tan buenos como los del "viernes negro" y la mayoría de las tiendas ofrecen envío gratis si gastas una cantidad mínima. Si visitas *Cybermonday.com,* encontrarás especiales de más de 700 sitios en línea. Pero este no es el único sitio que puedes consultar. Gigantes del Internet como *Amazon.com, Overstock.com* y tiendas tradicionales como *BestBuy.com, Walmart.com* y *Target.com* se van a poner las pilas, ya que saben que este día pueden descargar una buena parte de su inventario. No te preocupes a la hora de visitar sus sitios web. Muchas de estas tiendas ya tienen páginas en español, y las que no la tienen, se lo pierden.

Comprando un auto

Si utilizas el Internet, puedes ahorrar en todas tus compras incluyendo compras mayores como la de un automóvil.

Para investigar sobre el automóvil que deseas comprar, puedes visitar *Edmunds.com* o *Motortrend.com*. Allí encontrarás toda la información habida y por haber sobre todos los modelos y marcas disponibles.

Después de haber hecho tu tarea, puedes visitar *Carwoo.com*. Este sitio actúa como agente secreto para representarte a la hora de hacer tus negociaciones. Primero, necesitas especificar el automóvil que quieres comprar, la marca, modelo, color, etc. Después de completar este paso, los vendedores locales te envían sus mejores ofertas. Al recibirlas, puedes responder con tus contraofertas anónimamente utilizando el servicio de *Carwoo,* sin tener que revelar tu información privada. Así, no tienes que preocuparte por que los vendedores te presionen con correos electrónicos y llamadas constantes promoviendo especiales que no te interesan.

Con este sistema, después de llegar a un acuerdo con el concesionario, solo tienes que visitar el establecimiento para recoger el auto.

En pocas palabras: 7 conceptos claves de este capítulo

- Si encuentras un precio muy bueno y vas a comprar en línea, asegúrate de que el costo del envío no exceda tus ahorros. Tampoco olvides verificar la póliza de devolución y la garantía del producto en caso de que tengas un problema o te sientas insatisfecho con el producto.

- Antes, te podían ofrecer un especial para atraerte al local y allí poder venderte otros productos a precios más elevados. Esa estrategia es cada día más difícil de ejecutar gracias al desarrollo del Internet y la industria de los teléfonos móviles, que te permiten comparar precios al instante y exigir el mayor descuento.

- Utiliza los sitios de cupones en línea. Los ahorros varían, pero hay una gran cantidad de descuentos para todo tipo de productos y servicios, desde compras de supermercado y equipos electrodomésticos, hasta para actividades recreativas como conciertos o juegos deportivos.

- A la hora de comprar un boleto de avión o hacer una reservación en un hotel, consulta varios sitios en línea y compara precios para obtener grandes descuentos y ofertas exclusivas solamente disponibles por Internet.

- La mayoría de las compras grandes se hacen en ciertas temporadas como el regreso a la escuela, Navidades, etc. Si utilizas las aplicaciones para tu teléfono móvil y los sitios de compras en línea, puedes ahorrarte aún más dinero con ofertas especiales solamente disponibles por Internet.

- Compra productos reformados (*refurbished*). Estos mantienen la garantía del fabricante y cuestan mucho menos que el mismo producto en su envase original.

- Si haces tú tarea e investigas los precios y ofertas en línea, podrás ahorrar mucho más dinero de lo que te imaginas en una gran variedad de productos y servicios.

Recursos mencionados en este capítulo

Google Shopper
Aplicación que lee el código de barras de un producto y automáticamente realiza una búsqueda comparativa en línea para proveerte más información sobre el producto, evaluaciones de otros consumidores y hasta un listado de otras tiendas, tanto en línea como a tus alrededores, que ofrecen el mismo artículo a un precio más competitivo.

Grocery iQ
Aplicación que te ayuda a organizar tu lista de compras y a encontrar cupones para el supermercado y otras compras del diario.

Sitios para recortar cupones
Coupons.com, *Grocerygame.com*, *Retailmenot.com* y *Couponcabin.com*.

Sitios de descuentos diarios
Groupon.com, *Livingsocial.com* y *Thedealmap.com*. En estos sitios vas a encontrar cupones y especiales diarios de productos y servicios a tu alrededor.

Bing.com/travel
Sitio que utiliza las estadísticas de las ventas de boletos de las aerolíneas y predice las tarifas futuras. Con esta información te recomienda si debes comprar o esperar para hacer tu compra.

Otros sitios para encontrar especiales y tarifas
Expedia.com, compáralo con *Booking.com, Orbitz.com* y *Kayak.com.*

Edmunds.com
Sitio para encontrar más información sobre automóviles.

Carwoo.com
Sitio que puedes utilizar para negociar el precio de un auto.

Para más información, recursos y actualizaciones visita *http://www.libroelsalto.com.*

7
...
socialízate

"La interdependencia es, y debe ser, tanto un ideal del hombre como la autosuficiencia. El hombre es un ser social".

— MOHANDAS GANDHI

"Tus circunstancias presentes no determinan a dónde puedes llegar, apenas determinan tu punto de partida". — NIDO QUBEIN

En la última década, las redes sociales se han expandido a todas partes del mundo y están teniendo un potente impacto sobre nuestra sociedad, cambiando la manera en que socializamos, nos comunicamos y hasta nos informamos.

Su crecimiento es comparable al del Internet, con miles de personas que se unen a diario para mantenerse al tanto del mundo a su alrededor, a través del lente social de sus amistades y conexiones. Estas redes han demostrado ser un verdadero fenómeno para conectar a las personas con familiares, colegas y amigos. También están siendo utilizadas para compartir fotos, videos, noticias, enlaces, eventos, jugar juegos y, colectivamente, comentar sobre ellos. En consecuencia, han personalizado la experiencia del Internet para muchos, quienes las eligen como página de inicio al conectarse a la red.

Debido en parte al efecto de interacción constante creado por las redes sociales, nuestra atención está más dividida que nunca. Antes, encendíamos la televisión para ver las noticias, sintonizábamos la radio en el auto camino al trabajo o leíamos el periódico en la mañana. Por muchos años, los medios de difusión masiva se concentraron en enviar información en una dirección, originada por ellos y orientada hacia la audiencia. Era más fácil digerir la información ya que los editores eran los que seleccionaban las noticias importantes para nosotros.

Hoy en día, nosotros tenemos que ser nuestros propios editores. Mientras estamos conectados, recibimos un flujo de información constante. Para poder ser productivos, tenemos que determinar conscientemente qué información es valiosa y cuál podemos descartar.

La red de conexiones que establecemos a nuestro alrededor se convierte en nuestro filtro para interpretar el mundo. La audiencia pasiva que leía los periódicos o veía televisión cómodamente sentada en su sofá, se ha convertido en un público activo y partícipe debido a que puede tomar la información que recibe, compartirla con su red de amistades y su opinión sobre la misma.

A la vez, estas redes han democratizado, para bien o para mal, el proceso de generar noticias e información. Utilizándolas, cualquier persona puede reportar sobre eventos o compartir información que encuentra interesante con una inmediatez nunca antes vista; ahora podemos compartir públicamente nuestras actividades, relaciones, comentarios y pensamientos en tiempo real.

Las nuevas generaciones viven en estos sitios y su estatus social es medido en una gran parte de acuerdo a su perfil, la información que comparten, con quién la comparten, quién aprueba o elogia la misma y mucho más. Estas revelaciones personales están estableciendo una jerarquía social que vive y florece en los nuevos medios.

Estos sitios se han convertido en el equivalente de la plaza del pueblo. El lugar al que todos iban bañados y perfumados, con su ropa de domingo, a socializar con los demás. La gran diferencia es que ahora la plaza es virtual, estamos en nuestras pijamas, conectados a nuestras computadoras, tabletas y móviles y no existe un límite del tiempo que podemos pasar allí.

Las redes sociales amplifican nuestras cualidades como persona: si somos introvertidos, es posible que tengamos pocos amigos; si somos conflictivos, entramos en discusiones; si somos creativos, compartimos nuestro arte; y si somos populares, nos conectamos con el mundo entero. Las cualidades que tenemos en el mundo real son reflejadas en el mundo virtual.

Entre las redes más populares se encuentra *Facebook,* con más de 750 millones de usuarios, *Twitter* con 175 millones, *LinkedIn* con 120 millones y *Google+* que es la más joven de todas las mencionadas. *Google+* está siendo impulsada por el gigante de la búsqueda *Google* y cuenta con una creciente audiencia que según la firma Comscore ha superado los 20 millones de usuarios en apenas tres semanas después de haber sido lanzada. Estas redes sociales han tomado prestado el término "amigo" para cualquier persona con la que estás conectado a través de la red. La persona promedio tiene 130 amigos en la red y, en conjunto, todos sus usuarios pasan 700.000 millones de minutos al mes en *Facebook*.

Estos sitios están cambiando nuestra sociedad y es importante estar a la vanguardia de lo que está pasando. Así, podemos aprender a sacarles provecho y no hay quién nos haga un cuento. Hay un dicho de antaño que dice: "Dime con quién andas y te diré quién eres". Como ya hoy en día no estamos "andando mucho", la versión para el siglo XXI debe ser: "Dime con quién socializas en tus redes sociales y te diré quién eres".

Para poder aprovechar las redes sociales, necesitas empezar por unirte a ellas y crear tu perfil. Tu perfil habla de ti a una persona que no te conoce por lo que debes tener sumo cuidado con la información que compartes. La sabiduría general muestra lo siguiente: *Facebook* es para socializar, *Google+* aún lleva poco tiempo en el mercado para poder determinar para qué es, *LinkedIn* es para negocios y *Twitter*... bueno, *Twitter* es para todo el mundo.

Facebook

Facebook es la red social más exitosa de la historia. Con 750 millones de usuarios, ya casi una cuarta parte del planeta se encuentra en esta red. Puedes acceder a esta red desde tu página web o aplicaciones para teléfonos inteligentes y tabletas y, pronto, me imagino que va a estar hasta en los refrigeradores. Es muy posible que tus amigos y colegas ya se encuentren en *Facebook* y lo utilicen con frecuencia.

El muro de *Facebook* es una de las claves que hace que esta red sea exitosa. La información que tus amigos comparten aparece en tu muro y este ha sido el genio que ha propulsado las interacciones. En *Facebook,* te puedes enterar minuto a minuto sobre lo que están haciendo tus conexiones.

Después de unirte a la red, puedes hacer una búsqueda para encontrar a tus amigos y familiares. Esta búsqueda se puede realizar de muchas maneras: por dirección de correo electrónico, o por nombre y apellido. Puedes ingresar las credenciales de tu servicio de correo electrónico, subir tu libreta de direcciones y, una vez que ya tienes varios amigos, *Facebook* te va a recomendar personas que quizás conozcas basándose en tus amigos y conexiones. Esta ha sido una de las claves de su expansión, el conectarnos y sugerirnos personas que a lo mejor no consideramos en el momento, pero que el sistema dedujo que tal vez podríamos conocer basado en nuestras amistades existentes, lugar de trabajo, escuela donde fuimos, etc. Si no encuentras a tus amigos en esta red, puedes enviarles una invitación para que se unan y así poder compartir con ellos.

Los amigos en *Facebook,* como en la vida real, deben ser aceptados mutuamente. Si alguien te añade como amigo, vas a recibir una notificación para aprobarlos. Si no los aceptas, no van a aparecer como tus amigos en el sitio y no se van a enterar de lo que estás compartiendo en la red.

Una de las preguntas más frecuentes que recibo es si es posible que las personas se enteren si has mirado su perfil. Aunque ha habido una serie de aplicaciones que prometen esta función, si no dejas una huella en forma de comentario, la plataforma de *Facebook* no permite realizar esta función, así que no te preocupes que ese amigo o amiga del cual estás enamorado no se va a enterar que estuviste viendo sus fotos o navegando por su perfil.

Entre las funciones que han logrado hacer a *Facebook* tan popular están las aplicaciones. Los usuarios de *Facebook* instalan en sus perfiles cerca de 20 millones de aplicaciones por día. Si visitas *Facebook.com/applications* vas a apreciar la cantidad de aplicaciones disponibles que puedes utilizar para fotos, causas benéficas, eventos y videos.

Cuando algo nos gusta podemos compartirlo o hacer un clic en el famoso botón que muestra la mano hecha un puño con el dedo pulgar elevado hacia arriba, señal universal de que algo está bien, es decir "me gusta" o sencillamente *like* en inglés. Esto les muestra a nuestros amigos los sitios, páginas, fotos y otras cosas que nos gustan y así se enteran de nuestras preferencias. Cada vez que haces un clic en el botón de "me gusta", le estás diciendo al mundo que esto es algo interesante para ti.

Otra de las funciones que ha contribuido a la gran popularidad de *Facebook* son las fotos. Estas se pueden subir hoy en día prácticamente desde cualquier computadora, teléfono, tableta o cámara fotográfica. Después que tus fotos están en el sitio, puedes etiquetarlas con el nombre de tus amigos y ellos serán notificados de que subiste al sitio una foto en la que ellos se encuentran. Entre las funciones más recientes, se encuentra la de hacer preguntas a tus amigos. Compartir una pregunta es fácil y puedes utilizar esta función para tomar una decisión o para saber qué opina tu comunidad virtual sobre algún tema determinado.

Según Nielsen, la empresa de estadísticas, el usuario promedio en los Estados Unidos pasa más tiempo en *Facebook* que en *Google, YouTube, Yahoo, Bing, Wikipedia* y *Ama-*

zon en conjunto. Para una persona fácilmente distraída como yo, entrar a un sitio como *Facebook* es prácticamente una pesadilla. Hay tantas cosas que puedo ver, enlaces para seguir, fotos y videos para ver y compartir, y comentarios para hacer, que me paso el día saltando de comentario a comentario en mi muro y después que termino... ¿adivina qué? Mi pared está llena de información nueva que puedo seguir investigando en un ciclo incansable que solo termina cuando cierro el navegador.

Para mantenerte al tanto de lo que está pasando con tus amigos, puedes utilizar la función del chat donde puedes escribirte con ellos instantáneamente. Recientemente, *Facebook* hizo una alianza con *Skype* y ahora puedes hacer una videoconferencia con tus amigos desde allí mismo también.

Utilizando la función de grupos, puedes crear discusiones privadas para compartir lo que desees con un grupo en particular. Estos grupos pueden ser públicos, donde tus amigos pueden invitar a sus amigos, o privados, donde solo pueden participar las personas que tú designes.

Las *fan pages* o "páginas de admiradores", son el equivalente a mini-sitios web que viven en *Facebook* y pueden ser accedidos por el público. La ventaja de estas páginas es que no necesitas aprobar a las personas que quieran unirse a ellas y no existe un límite de personas que se puedan conectar. Puedes utilizar las páginas de admiradores para promover un negocio local, empresa, marca o producto, artista, grupo de música o personaje público, o una causa comunitaria.

Puedes compartir esta página con tus amigos y clientes para que se conviertan en fans y así, podrás mantenerlos al tanto del asunto en cuestión con fotos, artículos, especiales o cualquier tipo de información que crees que les pueda interesar. Para crear una página de admiradores necesitas tener una cuenta en *Facebook* y estar autenticado en el sitio. Para más información consulta: *Facebook.com/pages/create.php.*

Twitter

Twitter tiene más funcionalidad y complejidad de lo que podemos apreciar a simple vista. El servicio de "micro blogs" ha ganado una inmensa popularidad por su facilidad de utilización. Una de las claves del éxito de esta plataforma ha sido la transparencia de poder seguir a cualquier persona y que ellos te sigan. El seguir a una persona te permite enterarte de lo que quieren decir debido a que sus mensajes aparecen en tu muro. Constantemente leemos o escuchamos que algunas celebridades utilizan este sistema para comunicarse con sus fanáticos directamente, pero *Twitter* también puede ser de gran utilidad para ti.

El auge de los *tweets,* como son conocidas las comunicaciones que se envían por *Twitter,* se debe a la portabilidad de las nuevas plataformas móviles, donde se puede enviar un *tweet* desde cualquier lugar y a cualquier hora. Estos *tweets* pueden ser simples mensajes que contienen texto o utilizan una serie de servicios que complementan a *Twitter* como integración de fotos, videos y enlaces para páginas web.

La esencia de *Twitter* es poder escribir en 140 caracteres lo que desees compartir con el mundo. Lo que escribes puede ser leído por cualquier persona que te sigue y, a su vez, difundido a sus seguidores. Esto es conocido como un *retweet* o un reenvío del mensaje que propagaste por primera vez. Las personas que siguen a quien reenvió tu mensaje ahora lo pueden ver y así ellos también pueden compartirlo con sus seguidores, otorgándole al *tweet* un nivel de difusión potencialmente ilimitado.

En *Twitter* existe un lenguaje propio del sitio para comunicarse. Por ejemplo, para referirte a otra persona o empresa públicamente como parte de tu mensaje necesitas incluir el símbolo de @ antes de su dirección de *Twitter*, por ejemplo, *@tutecnologia*. El símbolo de # se utiliza para organizar temas específicos que puedes seguir. Por ejemplo, *#tecnología* contiene todos los *tweets* relacionados a este tema o, en *#moda*, puedes enterarte sobre todo lo que está sucediendo en la pasarela.

Unos años atrás, creé un tutorial sobre *Twitter* y por supuesto... lo coloqué en *Twitter*. El mensaje fue reenviado varias veces y solo 20 minutos después sonó mi teléfono. Un ejecutivo lo había visto y me invitó a hacer una presentación sobre el tema en una conferencia. Acepté la propuesta, viajé al evento y, después de la presentación, conocí a muchas personas en la industria que hoy en día son mis amigos. Esta conferencia me abrió muchas puertas y la realidad es que si no hubiera colocado ese tutorial en una de las redes sociales ni hubiera mandado un *tweet,* no habría sucedido nada.

A través de *Twitter* se han creado nuevas maneras de conversar con otras personas que a lo mejor no hubiéramos tenido la oportunidad de conocer. A su vez, esta red nos ayuda a establecer una comunicación directa con empresas que anteriormente eran casi inalcanzables y, si eres un dueño de empresa, a proveer servicios instantáneos a tus clientes.

Un uso popular de esta plataforma ha sido la diseminación de noticias. Ahora cualquier persona puede enviar un *tweet* instantáneamente e informarle al mundo sobre lo que está pasando. Si visitas el sitio *Monitter.com*, puedes escribir el código postal de tu establecimiento y otros términos que identifican a tu empresa y obtener los nombres de clientes potenciales conectados a *Twitter* que puedan estar buscando tu negocio. Con esta información, les puedes responder y así comenzar una relación que puede llevarte a obtener un nuevo cliente.

Debido a su espacio limitado para comunicar, se han inventado varios servicios para acortar las direcciones de sitios web (creando una dirección pequeña donde antes existía una muy grande) así estos pueden ser anunciados por *Twitter*. Mi sitio favorito que ofrece este servicio es *Bit.ly*.

Por ejemplo, el URL de 41 caracteres http://tutecnologia .com/profile/ArielCoro, y hasta una dirección que hubiera podido ser muchísimo más extensa, se convierte en http://bit .ly/n6MhOc que solo contiene 20. Este ahorro de espacio es fundamental para poder escribir más texto en *Twitter*. Hoy en día, *Twitter* mismo acorta las direcciones a través de su propio sistema, pero servicios más establecidos como *Bit. ly* proveen un análisis detallado de las personas que hacen clics en los enlaces que ellos generan.

Si visitas *Oneforty.com*, encontrarás servicios complementarios que puedes utilizar con *Twitter,* desde servicios para crear una encuesta y hacer chats de grupo, hasta paquetes de manejo de redes sociales que incluyen a *Twitter* como *Hootsuite*. Esta última es una herramienta frecuentemente utilizada para simplificar la integración de *Twitter* y manejar esta plataforma a la par de otras redes sociales como *Facebook*.

Existen muchas historias de éxito de negocios que usan *Twitter*. Recientemente conocí a Ramón de León, el dueño de varias pizzerías Domino's en el área de Chicago, quien utiliza *Twitter* para establecer relaciones con sus clientes. Ramón se hizo famoso cuando creó un video de disculpas para un cliente que se quejó de haber recibido una pizza en malas condiciones, y colocó el video en *Twitter*. Al responderle utilizando esta plataforma, el cliente no solo quedó impresionado, sino que otros usuarios que vieron el video lo diseminaron por *Twitter* y el video obtuvo una extensa cobertura en la prensa, atrayéndole nuevos clientes a Ramón.

Google+, la nueva red social

Google+ es la nueva red social lanzada por el gigante de los motores de búsqueda para competir con *Facebook*. *Google* se percató de que la mayoría de las personas están pasando más tiempo en las redes sociales que utilizando los sistemas de búsqueda y, al final, el tiempo que los usuarios pasan en estos sitios equivale a dinero. Este sitio es la venganza de *Google* después de haber fallado en proyectos sociales como *Google Buzz* y *Google Wave*. Ahora ha utilizado una estrategia para crear una aparente escasez: para poder registrarte en el sitio, solo puedes ser invitado por amigos (esta estrategia funcionó de maravilla cuando lanzó *Gmail* en el 2005). Originalmente, *Google* estaba limitando el uso de la nueva red social a individuos, pero ya ha incorporado la función de perfiles para empresas.

En mi caso, *Google+* es la oportunidad de nacer nuevamente en las redes sociales. Después de crear mi perfil, el sistema detectó que yo tenía un perfil en *Google* y agregó toda la información automáticamente al sitio. Esta función me facilitó el proceso de agregar amigos basados en mi libreta de direcciones y me ayudó a encontrar nuevas personas para conectarme.

Google+ usa el concepto de círculos para ayudarte a clasificar tus relaciones con las personas que sigues y que te siguen y así categorizar tus contactos. Es muy fácil ir añadiendo a las personas en categorías como seguidores tuyos, amigos, personas que sigues, etc. para controlar la información que estás compartiendo y con quién la estás compartiendo. Este sistema es más fácil de utilizar que el sistema de listas y la configuración de privacidad de *Facebook*.

Una de las funciones que más me gustó son los *Hangouts*. Este es un espacio donde puedes invitar hasta 9 de tus amigos y hacer una videoconferencia de grupo. Los *Hangouts* usan un sistema de videoconferencia que detecta a la persona que está hablando y amplía su ventana para que los otros participantes la puedan identificar más fácilmente. Si no quieres hacer una videoconferencia, puedes utilizar la función llamada *Huddles*, que te permite crear un chat de grupo para poder conversar con tus amigos o colaborar en un proyecto.

Otra función interesante, llamada *Sparks*, actúa como un agente que, una vez que configuras tus preferencias, va a buscar información por todo el Internet sobre tu tema seleccionado para que la consultes cuando te sea más conveniente.

Google+ ya tiene millones de usuarios que están compartiendo cientos de miles de millones de artículos en línea. Por ahora, *Google* está limitando el uso de la nueva red social a individuos solamente y está trabajando para incorporar la función de perfiles para empresas.

El auge de los servicios basados en localización (LBS)

No hay que ser un genio para saber que las páginas amarillas de la clásica guía telefónica están básicamente muertas para las nuevas generaciones. Al parecer, nadie ha informado esto todavía a las compañías de teléfonos, porque periódicamente me encuentro con este libraco inmenso en la puerta de mi casa, el cual, como se podrán imaginar, llevo directamente al tanque de reciclaje. Los *Location Based Services* o LBS (por su siglas en inglés) son una nueva generación de programas que se instalan en los teléfonos móviles inteligentes que utilizan la información de la localización geográfica del teléfono para combinarla con un mapa y saber dónde te encuentras. Esta es una función de los mapas móviles desde hace tiempo, pero el área en la que este servicio gratuito brilla es la interacción con los sitios en tu localización y las funciones comunitarias que debes aprender a explotar. Aplicaciones como *Foursquare* parecen un juego para las personas que no las conocen, pero para sus usuarios pueden ser algo sumamente útil. Cuando llegas a un sitio, abres tu aplicación y haces lo que se llama un *check in* o registración en el local. Allí puedes encontrar información sobre este negocio dejada por otras personas, saber lo que están haciendo tus amigos y compartir los lugares que estás visitando en redes sociales como *Twitter* y *Facebook*.

La aplicación también tiene puntos que vas ganando, los cuales se han convertido en unos de los premios virtuales más preciados. Mientras más registraciones realizas, más puntos vas ganando, y el usuario que más frecuenta un local se convierte en el "alcalde" de aquel local o establecimiento. Esta promoción al nivel de "alcalde" ha desatado una verdadera fiebre. Si tu negocio no está en *Foursquare,* puedes estar perdiéndote esta audiencia. En el primer trimestre del 2010 se vendieron más de 55 millones de teléfonos inteligentes en el mundo, y pronto esta va a ser la manera preferencial de conectarse con un negocio o servicio. Algunos restaurantes han empezado a hacer concursos y ahora el "alcalde" de ese restaurante en *Foursquare* puede tomar su café gratis. Si te pones a pensar, esto es algo muy ventajoso para el dueño porque, para lograr ser el "alcalde", el cliente tiene que visitar el establecimiento con frecuencia.

Otras aplicaciones de los LBS funcionan como navegadores de realidad aumentada. El navegador *Layar* (www .layar.com), utiliza la información que recibe a través de la cámara de video de tu teléfono inteligente y la combina con la información geográfica recibida por tu GPS.

Esta aplicación es parecida a la que usaba Arnold Schwarzenegger en la película *Terminator* para tener más información sobre dónde estaba. Pronto no tendrás que ir a Hollywood para saber dónde se encuentran los cajeros automáticos de los bancos ni cuánto cuesta la comida en los restaurantes cercanos a ti. Con este sistema, eres un James Bond moderno que se entera de todo lo que está pasando a su alrededor.

Yelp

Los grandes periódicos y revistas famosas siempre tuvieron la ventaja de tener críticos en distintas áreas que daban su opinión sobre temas como teatro, arte y restaurantes.

Existían muchas categorías que por obvias limitaciones de espacio no eran servidas por los mismos. Los fundadores de *Yelp* se dieron cuenta de que habían muchísimas personas que querrían compartir sus opiniones sobre negocios locales si solo tuvieran un foro donde hacerlo. En 2004 se fundó el sitio de evaluaciones sociales publicadas por personas comunes como tú y yo, y en el 2011, las evaluaciones locales sobrepasaron los 20 millones.

Ya sé que es difícil manejar tu negocio día a día y no tienes tiempo para preocuparte por estas cosas que parecen triviales, pero la realidad es que necesitas despertar porque no lo son. La decisión de los clientes conectados es influenciada todos los días por este sitio, y si tú establecimiento o empresa tiene una mala evaluación, es posible que estés perdiendo clientela sin saberlo.

Si eres dueño de un negocio, puedes crear una cuenta en *Yelp* (www.biz.yelp.com/) para comunicarte con los clientes que visitaron tu establecimiento. Por ejemplo, si dejaron una mala evaluación sobre tu establecimiento, puedes mandarles un mensaje de disculpas y hasta ofrecerles un especial para que regresen. Estos mensajes pueden ser públicos, así los otros clientes los pueden ver, o privados entre tú y el cliente. Como dueño de negocio, puedes anunciar en el sitio de *Yelp,* pero es importante que sepas que comprar anuncios no te permite hacer cambios a las opiniones de tus clientes ni a cambiar el orden de las evaluaciones que estás recibiendo.

Este sitio también te ayuda a crear especiales con una aplicación. Puedes utilizar estos especiales, como descuentos o promociones, para promover tu negocio. Cada día, más usuarios van a estar utilizando estas aplicaciones y si te quedas afuera o no sabes lo que está pasando, puedes estar desperdiciando oportunidades para que tu negocio crezca.

Recientemente estuve en Nueva York para un evento y, aunque visito la ciudad frecuentemente, no siempre estoy en un barrio donde tengo un lugar preferido. Estaba con otras personas que no eran de la ciudad y no quería quedar mal con ellos al recomendar un restaurante que nos diera una mala experiencia. Utilizando mi teléfono, abrí la aplicación de *Yelp* y les pregunté qué querían comer. Todos decidimos que queríamos cenar en un restaurante hindú, y en solo segundos, tuve acceso a todos los restaurantes a mí alrededor con los comentarios de sus clientes. Optamos por ir a uno que estaba cerca y el lugar estaba precioso. Es el tipo de lugar que a lo mejor te hubiera recomendado alguien, pero es más probable que no lo hubiéramos encontrado por nuestra cuenta. Después de un almuerzo delicioso, regresamos a nuestra tarea y todo el mundo estaba contento.

En pocas palabras: 7 conceptos claves de este capítulo

- Para poder ser productivos, tenemos que determinar conscientemente qué información es valiosa y cuál podemos descartar.
- La red de conexiones que establecemos a nuestro alrededor se convierte en nuestro filtro para interpretar el mundo.
- Los amigos en las redes sociales como en la vida real, deben ser aceptados mutuamente. Cuidado con quién te relacionas y trata de no aceptar solicitudes de personas que no conoces.
- A través de *Twitter* se han creado nuevas maneras de conversar con otras personas que a lo mejor no hubiéramos tenido la oportunidad de conocer. A su vez nos ayuda a establecer una comunicación directa con empresas que eran anteriormente casi inalcanzables y, si eres un dueño de empresa, a proveer servicios instantáneos a tus clientes.
- En el primer trimestre del 2010 se vendieron más de 55 millones de teléfonos inteligentes en el mundo, y pronto esta va a ser la manera preferencial de conectarse con un negocio o servicio.
- *Google+* es la nueva red social lanzada por el gigante de los motores de búsqueda para competir con *Facebook*. Para clasificar tus relaciones con las personas que sigues y que te siguen, *Google+* usa el concepto de círculos donde puedes diferenciar entre seguidores tuyos, amigos, personas que sigues, etc. para controlar la información que estás compartiendo y con quién la estás compartiendo.

- Si eres dueño de un negocio, puedes crear una cuenta en *Yelp* (www.biz.yelp.com/) para comunicarte con los clientes que visitaron tu establecimiento. Si te gusta explorar lugares nuevos, utiliza *Yelp* para encontrar nuevos establecimientos y consultar las evaluaciones de otras personas que ya los han visitado. Si te sientes inspirado, deja tu evaluación para el beneficio de los demás.

Recursos mencionados en este capítulo

Facebook, www.facebook.com
La red social más popular del planeta con más de 750 millones de usuarios. En *Facebook* se puede interactuar con tus amistades, mandar mensajes, compartir fotos y mucho más.

Twitter, www.twitter.com
Red social que permite a los usuarios mandar y recibir *tweets* o mensajes de 140 caracteres de texto. Debido a su brevedad, velocidad de difusión y poder de amplificación, *Twitter* se ha convertido en una de las maneras más rápidas para recibir y diseminar información a través del Internet.

Google.com/plus (Google+)
Nueva red social lanzada por el gigante de los motores de búsqueda para competir con *Facebook*.

Yelp.com
Sitio web donde las personas comparten sus opiniones sobre negocios locales.

Layar.com
Aplicación que utiliza los datos que recibe a través de la cámara de video de tu teléfono inteligente y los combina con la información geográfica recibida por tu GPS para ofrecerte información sobre tus alrededores de una manera interactiva a través de la pantalla de tu teléfono inteligente.

Para más información, recursos y actualizaciones visita *http://www.libroelsalto.com.*

8

...

promuévete

"Cuando el dinero entra eso me indica que he tomado las decisiones correctas de mercadeo". —ADAM OSBORNE

"Los negocios tienen solo dos funciones, mercadeo e innovación". —MILAN KUNDERA

En la última década, con el crecimiento del Internet, la importancia del mercadeo ha aumentado dramáticamente. Los negocios en línea han creado una nueva era empresarial. El mercado es volátil, siempre cambiante, y es difícil para los propietarios de negocios saber cuándo y dónde un competidor potencial pondrá en marcha una nueva estrategia o herramienta.

Los mejores productos no siempre son los que ganan en el mercado. Por ejemplo, en el mundo de las computadoras personales, el sistema operativo de Apple es más estable y fácil de usar que el de Microsoft, pero solo puede ser instalado en las computadoras que ellos fabrican, que no son las más baratas. Sin embargo, Microsoft tiene mayor penetración en el mercado mundial debido a sus alianzas con otras empresas. Gracias a la variedad de productos fabricados que utilizan su sistema, los precios de las computadoras de Microsoft se han mantenido asequibles tanto para empresas como para individuos.

Hoy en día la promoción de tu producto, servicio o empresa en los medios tradicionales simplemente no es suficiente. Para promoverte con éxito en este nuevo mundo conectado, necesitas desarrollar un plan de mercadeo y crear una presencia en línea. Hay varias preguntas a las cuales necesitas responder antes de establecer tu plan de ataque y comenzar a utilizar las herramientas mencionadas en este capítulo.

¿Cuáles son los componentes de tu campaña de mercadeo?

El Internet ha transformado completamente la apariencia del mercadeo empresarial. Cada empresa (incluyendo las 500 compañías de la famosa lista de la revista *Fortune,* así como un negocio familiar) debe tener en cuenta los siguientes elementos de mercadeo en línea.

- Presencia en la Web
- Optimización de los motores de búsqueda
- Campañas a través de correo electrónico
- Mercadeo en las redes sociales
- Campañas publicitarias en línea

Como propietario de un negocio, debes estar preparado para manejar el paisaje cambiante del mercadeo e incorporar lo mejor de los métodos tradicionales, así como las técnicas emergentes, para asegurar un éxito continúo. La buena noticia es que alcanzar a tus clientes potenciales es mucho más fácil que antes. La mala noticia es que existen muchas maneras de hacerlo.

Registra tu dominio

Tu dominio en el Internet es el nombre que las personas van a usar para recordarte y volver a visitar tu sitio. Este nombre (*elnombredetusitio.com*) es increíblemente importante: es tu dirección en el Internet donde tus clientes te pueden visitar. Por lo tanto, hay que tener mucho cuidado al escogerlo, debido a que necesita tener algún tipo de relación obvia contigo o con lo que haces, para que tus clientes puedan crear una asociación mental con tu empresa. Hay dominios que son tan valiosos que solo el nombre se ha vendido por millones de dólares, pero en tu caso, vamos a concentrarnos en lo que es valioso para ti.

Los *domains* o dominios de más importancia son: *.com*, *.org*, *.net* y *.edu*. Estos son los más populares porque son los que vieron nacer al Internet. Con el paso del tiempo y la creciente popularidad de la red, cada día se vuelve más difícil conseguir un dominio *.com* que no esté registrado por alguna otra persona u organización.

Originalmente, el *.com* fue designado para sitios comerciales, el *.net* para proveedores de servicios de Internet, el

.org para organizaciones sin fines de lucro y el *.edu* para instituciones educacionales. Hoy en día hay muchos más tipos de dominios a tu disposición que pueden ser registrados como *.tv, .info, .co, .ly, .me* y muchos más, pero el *.com* todavía es el rey. Ha habido tanta propaganda y valor detrás de la marca *.com*, que cuando le mencionas un sitio a una persona, lo más probable es que escriba *.com* a la hora de buscarlo. Por eso, es importante que consideres obtener un *.com* antes que cualquier otra alternativa, porque este será más fácil de recordar para las personas que desean buscar el sitio asociado con tu nombre.

Antes del Internet, tu negocio tenía un nombre registrado y después podías registrar el dominio en el Internet. Hoy en día, si vas a lanzar un negocio, te recomiendo que busques primero si el dominio está disponible antes de registrar la corporación, porque si un competidor tuyo tiene la variación *.com* del nombre de tu negocio, es posible que tus clientes se confundan a la hora de buscarlo por Internet y que terminen gastando dinero con tu competencia en vez de contigo.

Si tu negocio se llama Juanito's Tacos puedes tratar de registrar *juanitostacos.com*. Si ese nombre ya está registrado, necesitas tener mucho cuidado con las variaciones. Por ejemplo, si decides utilizar el signo de guión para separar el nombre y registrar el dominio *juanitos-tacos.com,* es muy posible que las personas se olviden del guión y terminen visitando el sitio de tu competidor. Sé que suena como un trabalenguas, pero si no prestas atención al nombre, te puede salir caro a la larga.

Hay muchos sitios para registrar dominios pero el más popular y eficiente es *Godaddy.com*. Allí puedes escribir el nombre que buscas y, si está disponible, no lo pienses dos veces y regístralo. A lo mejor a otra persona se le ocurre antes que a ti y terminas perdiéndolo.

Hosting

Tu sitio web necesita una residencia, y el servicio que ofrece esta "casa" en el Internet es conocido como un proveedor de *hosting*. Estas son empresas con servidores conectados al Internet que alquilan un espacio donde puedes colocar tu página.

Hay dos tipos de *hosting*, el compartido que es el más común, y el dedicado que es más caro. En el *hosting* compartido, compartes un servidor con otros sitios web. Por supuesto, tú no puedes ver ni controlar los otros sitios, ni ellos controlar el tuyo. Este sistema tiene ventajas y desventajas. La gran ventaja es que el precio es asequible porque estás pagando una fracción del servidor. La desventaja es que no controlas todos los recursos disponibles de dicho servidor.

El *hosting* dedicado es más caro pero garantiza que los servidores están completamente a la disposición de la organización. Esto ofrece la ventaja de mayor rendimiento y control pero también con los dolores de cabeza del mantenimiento y la seguridad.

Hay cientos de miles de proveedores de *hosting* por Internet. Aquí te indico algunos de los que recomiendo porque ofrecen precios competitivos y son confiables:

- *Godaddy.com*
- *Bluehost.com*
- *1and1.com*

Creando una página web básica

La página web es la unidad básica del Internet. Un sitio web no es nada más que una colección de páginas web entrelazadas entre sí, con enlaces o *links*.

Hay todo tipo de páginas web escritas en distintos lenguajes de programación como *HTML, PHP, ASP* y hasta en formato de texto. Tu navegador de Internet, como *Firefox, Internet Explorer, Chrome* o *Safari*, actúa como intérprete de estas páginas y convierte el código de programación en un formato que puedes leer fácilmente.

Hay dos clasificaciones de páginas: las estáticas y las dinámicas. Las páginas estáticas muestran el mismo contenido de la programación inicial. Estas páginas son como una escultura o fotografía. Una vez que han sido creadas, se van a quedar así hasta que sean modificadas a propósito.

Las páginas dinámicas están integradas con programas que hacen que la información se adapte a lo que estás viendo. Por ejemplo, un sitio web que te provee el estado del tiempo es un sitio dinámico, ya que detrás del telón está conectado a un programa o base de datos que está actualizando la información continuamente.

Los proveedores de *hosting* ofrecen paquetes con opciones para crear una página web básica. Estos programas son sencillos y con precios asequibles pero generalmente son una mala idea. ¿Por qué? Porque aunque el sitio web que necesites sea sencillo, es mejor construirlo en una fundación sólida que puedas expandir después fácilmente. Estás creando la base de tu pirámide de crecimiento y necesitas que esta fundación sea segura.

Por eso, te recomiendo que utilices un sistema de manejo

de contenido o *CMS* (por sus siglas en inglés) desde el principio. Utilizando estos sistemas, vas a poder crear una página básica fácilmente y puedes ir añadiéndole información según vas creciendo. En caso contrario, te vas a ver en los zapatos de muchas personas que han tenido que hacer el trabajo dos veces por gusto.

Sistemas de manejo de contenido (CMS)

En los años 90, cuando comencé a programar sitios web, crear hasta la página más sencilla era increíblemente trabajoso. Para lograr hacer los cambios más mínimos, era necesario programar en *Hypertext Markup Language* (*HTML*), un lenguaje de programación que, aunque relativamente fácil de aprender, era complicado porque cada componente de una página, ya sea el texto, los enlaces o el diseño del sitio, tenía que ser programado como si fuera un rompecabezas.

Al mismo tiempo, muchas empresas tuvieron que lidiar con el problema logístico de manejar grandes cantidades de artículos, creados por varios autores, para publicar en sus sitios. Los periódicos, revistas y sitios corporativos se vieron en aprietos porque no era factible tener que enseñarle a grandes grupos de personas cómo escribir en código *HTML*.

Con esa necesidad en mente, nacieron los sistemas de manejo de contenido, diseñados para que personas no especializadas puedan publicar contenido en la Web. Sí, hay que aprender algunos conceptos nuevos, pero el proceso es muy similar al de escribir documentos en Word u otro procesador de texto con los cuales estás familiarizado.

Al principio, solo las grandes empresas podían costear un CMS, pero hoy en día los sistemas más poderosos y populares son gratuitos y están a tu alcance.

Hay muchas versiones de CMS hoy en día, pero los más populares son *Wordpress, Joomla!* y *Drupal*. Estas son tres plataformas poderosas que puedes utilizar para crear una fundación sólida para tu presencia en la Web. Con ellos, puedes crear desde un simple blog, hasta una exitosa revista en línea con millones de visitantes al mes.

Blogs

Los *blogs* no son nada más que sistemas de manejo de contenido donde puedes publicar información, artículos, o lo que desees. Se caracterizan por su estilo de publicación secuencial donde los artículos más nuevos van desplazando a los anteriores. El éxito de los blogs proviene de su facilidad de formateo y publicación de contenido de todo tipo, desde fotos, videos, artículos y enlaces. Los blogs se hicieron populares debido al estilo transparente de las primeras personas que comenzaron a publicar en esta plataforma. Ellos compartieron todo tipo de información con sus audiencias que los medios tradicionales de difusión en aquel entonces no habían considerado. Estos blogs le dieron un toque personal al Internet que sirvió como el precursor de las redes sociales. En vez de tener la versión final de los hechos, los blogs permiten a los usuarios hacer comentarios y expresar sus opiniones sobre la información que ha sido publicada.

Wordpress es el sistema de creación de blogs más popular del mundo. Hay dos versiones de *Wordpress:* la versión en línea, donde creas un blog sin tener que instalar programas ni añadir código, y la versión que puedes instalar en un servidor de una compañía de *hosting.* No importa que versión estés utilizando, puedes expandir la funcionalidad del sistema utilizando *plugins* o pequeños programas que puedes instalar en la pizarra administrativa. Otra plataforma popular a través de los años ha sido *Blogger,* donde puedes crear y publicar un blog en solo tres pasos. Ambas opciones son gratuitas y, ¿quién sabe?, a lo mejor, tú serás la próxima celebridad del Internet.

Sistemas de comentarios

Los comentarios son la sangre de un blog. Tener comentarios en los artículos publicados es una prueba de que ese blog tiene una audiencia interesada en su contenido. La psicología de las multitudes está de tu lado cuando los visitantes comentan en tu blog y, mientras más comentarios existen, una mayor cantidad de personas sienten que también pueden participar.

Para crear ese sentimiento de comunidad en tu blog, vas a necesitar un sistema de comentarios más completo. Estos sistemas avanzados te ayudarán a incitar la participación, a combatir el *spam* y a moderar los comentarios y comentadores. Mi sistema favorito se llama *Disqus.* Al instalarlo, puedes importar todos los comentarios de tu blog para que reemplace el sistema de comentarios de tu sitio.

Disqus está diseñado para facilitar los comentarios y a su vez aumentar el tráfico en tu sitio. Tiene funciones como la de la notificación de comentarios, que te envía un correo electrónico cuando alguien responde a tu comentario, a quien puedes responder desde tu correo electrónico. También incluye una integración con *Twitter* y *Facebook* para facilitar que las personas dejen comentarios en tu sitio.

Este sistema tiene muchísimas opciones que puedes configurar pero una de las más importante es el de reacciones, que monitorea los comentarios en las redes sociales como *Twitter* o *Facebook* y le da un aire de popularidad al contenido que estás publicando. Utilizando un sistema de comentarios como *Disqus*, vas a poder maximizar las interacciones en tu sitio, promover su difusión y aumentar su popularidad.

Tumblr y Posterous

Para las personas que consideran que crear un blog es muy complicado o trabajoso, les recomiendo crear un micro blog, una mezcla entre *Twitter* y un blog tradicional.

Las plataformas de *Tumblr* y *Posterous* son increíblemente fáciles de configurar y diseñar para un usuario que nunca ha tocado un blog en su vida y facilitan compartir el contenido de otros sitios como parte de tus blogs. También tienen sus propias funciones sociales pero se integran muy bien con servicios como *Flickr* y *YouTube*, para poder compartir el contenido de estos otros sitios fácilmente.

Sin contar con algunas de las modificaciones avanzadas de los blogs tradicionales, estos sitios hacen el compartir en un blog tan fácil como escribir un documento o mandar un correo electrónico, y son de gran valor para el usuario principiante.

Joomla!

Este es uno de los sistemas de manejo de contenido más populares y fáciles de usar. Para utilizarlo no necesitas ser un usuario avanzado, pero si tienes que tener un poco más de experiencia que un novicio.

Con *Joomla!* puedes crear sitios de todos tamaños y funciones diversas. *Joomla!* funciona como si fuera un sistema operativo de una computadora que utiliza una combinación de componentes, *plugins* y módulos que amplían su capacidad. *Joomla!* es un sistema que debes considerar si quieres tener un sitio corporativo o que incluya funcionalidades más complicadas, como la integración con carros de compra, sistemas de reservaciones, eventos, etc.

Muchos de los programas que necesitas están disponibles en www.extensions.joomla.com. Allí puedes encontrar todo tipo de componentes, *plugins* y módulos para crear un sitio en un abrir y cerrar de ojos que hubiera costado una millonada hace solamente unos años. La mayoría son gratuitos, pero algunos son productos comerciales con precios generalmente asequibles.

El diseño de tu sitio

La mayoría de las personas que crean sitios web no son diseñadores. Tradicionalmente, para lograr un buen diseño había que saber utilizar herramientas que podían ser extremadamente complicadas.

Hoy en día, puedes tener acceso a diseños ya creados que solo necesitas adaptar a las demandas de tu sitio. Para satisfacer esta necesidad, se ha creado una industria que diseña la apariencia de sitios web, con todas las preferencias que puedas imaginar.

Estas plantillas, que se les llaman *themes* en inglés, pueden ser gratis o pagas. No pienses que porque muchos de estos diseños son gratis no son buenos, todo lo contrario. Puedes encontrar una plantilla gratis con un diseño increíble y una paga que no luce muy bien. Por lo general, es al revés, pero nunca dejo de sorprenderme cuando veo sitios que lucen muy bien y que tienen sus diseños basados en plantillas gratuitas o increíblemente baratas.

Sitios de plantillas:

- *Templatemonster.com*
- *Rockettheme.com*
- *WooThemes.com*

El código incluido

El código incluido es una manera fácil de añadir a tu sitio funciones que residen en otras partes de la Web.

De esta manera, puedes incorporar videos de *YouTube,* mapas de *Google,* fotos de *Flickr* y hasta formularios que puedes utilizar para recibir información de tus clientes simplemente colocando este código en una de tus páginas. Este código tiene varios parámetros que puedes controlar como el tamaño, color, etc. Por ejemplo, si vas a colocar una foto en tu sitio, puedes escoger si quieres que sea grande, mediana, pequeña o especificar su tamaño. Después de incorporados, estos componentes forman una parte integral de tu página y le agregan funciones a tu sitio para que sea más atractivo y fácil de utilizar.

Formularios en línea

Los formularios en línea son útiles para recolectar información de tus clientes en tu sitio web o para crear tus propias encuestas. Estos formularios solían ser tareas complejas de programación pero hoy en día existen sitios que simplifican su creación. Después de diseñadas, estas plantillas pueden ser integradas fácilmente en tu sitio con solo copiar y colocar el código incluido de las mismas.

Mi sitio favorito que provee este servicio es *Wufoo. com,* el cual ofrece muchísimas opciones para construir formularios y plantillas. En este sitio, puedes crear varios tipos de formularios para recolectar información sobre tus clientes, como la registración para un evento, invitaciones, encuestas y hasta pagos en línea. La mejor parte es que no tienes que escribir ni una sola línea de código. Cada vez que alguien llena tu plantilla, puedes ser notificado vía mensaje de texto o sencillamente por correo electrónico y así puedes responder a las necesidades de tus clientes inmediatamente.

El sistema contiene una serie de campos predeterminados que puedes reorganizar a tu conveniencia para obtener la información vital sobre tus clientes como: nombre, dirección, número de teléfono, dirección de correo electrónico, etc. También puedes recolectar información escrita

donde tus clientes pueden elaborar más detalles. Si tienes
una dulcería, aquí te podrían explicar lo que quieren escribir en la dedicación de la torta o detalles pertinentes a la
entrega, por ejemplo.

Con su versión gratis, puedes crear hasta tres plantillas
en línea, lo suficiente para cubrir las necesidades básicas
de un negocio. Si necesitas una versión más avanzada, los
planes mensuales comienzan en $14,95.

El objetivo de tu sitio

Un error común cometido por muchos pequeños negocios
cuando crean su sitio web, es el de no percatarse de que este
debe estar destinado a servir a los clientes. Por lo tanto, el
contenido de tu sitio debe tener un solo objetivo: proveer
suficiente información para que un cliente potencial decida
hacer negocios con tu empresa. Todos los otros objetivos
son secundarios.

La información que debes proveer en tu página necesita
estar balanceada entre tus logros, calificaciones, productos, ofertas, servicios y cómo estos pueden ser beneficiosos
para tu cliente.

La visita de un cliente potencial a tu sitio web puede ser
la única oportunidad que tienes de convertirlo en un cliente
real. Entre estos factores necesitas considerar la identidad
de tu compañía, con eso me refiero al logotipo que utilizas para identificar a tu negocio. Este logotipo necesita
estar en la parte superior de la página para que sea fácil de
identificar.

Los componentes fundamentales son sencillos pero frecuentemente olvidados: identificación, navegación clara y precisa, información sobre tu empresa, servicios, productos e información de contacto. Tener un sistema de navegación fácil de utilizar es de suma importancia. La navegación no es más que un menú que debe encontrarse a la izquierda o en la parte superior de la página debajo de tu logo. La navegación necesita ser sencilla, clara e identificar exactamente a donde te va a llevar. A la mayoría de las personas que visitan tu sitio no les interesa ponerse a investigar si no entienden lo que tu menú quiere decir. Por eso es importante que el menú este en un lenguaje sencillo y directo.

Es importante que tu página incluya una sección que describa tu organización. Es importante que sea lo más breve posible ya que hoy en día las personas tienen menos paciencia que nunca para leer largos párrafos y páginas de texto en la Web.

En la página o páginas que listan tus productos o servicios, es importante que expliques claramente de qué se tratan, que incluyen o no incluyen y, por supuesto, el precio. Si es un servicio que es único para cada cliente, puedes incluir un enlace a tu información de contacto o a un formulario donde pueden añadir información fácilmente.

La función de búsqueda dentro de tu sitio es un componente fundamental y básico hoy en día. Muchos clientes no quieren navegar y perder tiempo tratando de encontrar lo que están buscando, por eso es importante que tengas una caja de búsqueda en tu sitio. Muchas plataformas que vamos a discutir más adelante ya tienen esta función incluida, pero es importante que esté activada. Si estás utilizando un sistema que no tiene un motor de búsqueda integrado, siempre puedes utilizar la versión gratis de

Google para tu sitio. Este es un sistema fácil de configurar sin saber de programación. Lo puedes acceder en www.google .com/cse/.

Por último, es importante incluir tu información de contacto. Esto incluye la dirección de tu negocio, teléfono, direcciones específicas de cómo llegar, ya sea en automóvil o en transporte público, y si quieres hacerlo todavía más fácil, puedes incluir un mapa. Puedes agregar esta información usando el código incluido que explicamos anteriormente. Entre estos componentes, el más importante es un formulario simple de contacto. Este formulario debe incluir la información básica que necesitas para que tu cliente te explique lo que está buscando y así poder notificarte de que hay alguien que necesita de tus servicios. Este es un componente fundamental para tu sitio y lo puedes crear completamente gratis.

Contenido

El contenido que tiene tu sitio es lo que lo diferencia de otros en su categoría. El aspecto del diseño también es importante por supuesto, ya que esta es la apariencia de tu negocio o página personal, pero hay un dicho en inglés que dice que "El contenido es rey". En otras palabras, la calidad del texto que publiques en tu sitio es lo más importante para tu cliente.

Este contenido debe ser creado con tu cliente en mente y siempre poniéndote en el lugar de una persona que te ve por primera vez y que no sabe absolutamente nada sobre tu negocio. Por ejemplo, si tienes un restaurante, puedes publicar tu menú en tu sitio web, además de recetas que tus clientes puedan consultar para recrear los platos más populares de tu establecimiento. No te olvides de añadir la dirección, número de teléfono, correo electrónico, manera de contactarte e información adicional que identifique mejor a tu restaurante. Si trabajas en bienes raíces, puedes publicar en tu sitio recursos para las personas que se están mudando a tu área o consejos que demuestren tu experiencia.

Siempre es importante compartir algo valioso con tus clientes potenciales, además de simplemente anunciar tu negocio. Esto te ayudará a solidificar tu relación con tu público. Algunos otros componentes básicos que debes incluir en tu sitio son: información sobre tu empresa, fotos, videos y enlaces con recursos relevantes.

Tienes tu página web... ¿ahora qué?

Acabas de estrenar tu nuevo sitio web, te gastaste el dinero, tiempo y recursos para tener una casa en el Internet porque todo el mundo te dice que hay que hacerlo y, al pasar unos días, cuando la noticia del lanzamiento ya es algo del pasado, la dura realidad es que casi nadie visita tu sitio.

Más allá de imprimir la dirección de tu página web en tus tarjetas de negocios, la mayoría de los dueños de pequeñas empresas no hacen nada más para promover su página. Por alguna razón, piensan que los visitantes van a aparecer de la nada e interesarse en lo que ellos tienen que ofrecer.

Aquí tienes algunos consejos para que tu página web no se convierta en un proyecto tan secreto que nadie sabe que existe.

Consistencia

Uno de los problemas más frecuentes de las personas que quieren establecer una presencia en la web es la consistencia. La mejor manera de crear una audiencia es poder proveerles información consistentemente. Esto acostumbra a los lectores a visitar tu sitio habitualmente para obtener información nueva.

No te olvides de *Facebook* y *Twitter*. Lo he dicho mil veces y lo digo de nuevo, tus contactos y tus amigos son el motor que puede ayudarte a impulsar tu negocio. Conéctate con ellos usando estos sistemas y trata de participar y compartir información valiosa en vez de solamente intentar venderles algo.

No ignores el SEO

Si no sabes que es el *SEO,* no te preocupes, yo no sé nada de la anatomía del pingüino y aquí estoy. El *Search Engine Optimization, SEO,* u optimización para los motores de búsqueda, es el arte de hacer que los motores de búsqueda como *Google* encuentren tu sitio web y lo coloquen por encima de los demás en la lista de resultados cuando las personas desean buscar un negocio como el tuyo. Visita www.websitegrader.com para generar un reporte gratuito que te indica los cambios específicos que debes realizar para que tu sitio sea lo más exitoso posible en los motores de búsqueda.

Poniendo tu negocio en el mapa

Como muchas personas, cuando estoy buscando un producto o servicio, consulto mi motor de búsqueda favorito para orientarme. Si estoy buscando un restaurante, la búsqueda va a depender del tipo de cocina, la ubicación o sencillamente la popularidad del lugar. Por ejemplo, puedo hacer una búsqueda general como "restaurantes en Los Ángeles", o si quiero ser más específico, puedo buscar "restaurante mexicano en Los Ángeles". Utilizo el ejemplo de un restaurante porque es una búsqueda muy común, pero lo mismo se aplica a cualquier negocio que dependa del público, desde una barbería hasta una zapatería. Los resultados de la búsqueda van a enseñar un mapa con un listado de varios negocios integrados en motores de búsqueda como *Google, Yahoo* y *Bing*.

Los listados básicos en los mapas por Internet son gratis. Solo se requiere una pequeña inversión de tiempo para sacarle el máximo provecho a este nuevo método de publicidad para ampliar tu negocio y atraer más clientes.

Para aparecer en estos listados, debes colocar información básica como el nombre de tu negocio, teléfono, dirección y la dirección de tu página de Internet. Asegúrate de tener una buena descripción de tu negocio usando términos simples que las personas puedan entender. Es muy importante que coloques tu negocio en la categoría correcta. No te olvides de colocar fotos de tu establecimiento y, una vez que el listado esté publicado, habla con tus clientes para que te den una evaluación en línea.

Cuando tu sitio aparezca en los mapas de localización,

las personas que visitaron tu establecimiento podrán añadir sus evaluaciones y comentarios con o sin tu autorización. Por eso es fundamental que observes tu listado periódicamente. Algunos clientes podrán colocar comentarios muy positivos sobre tu negocio, pero puede suceder que algunos clientes mencionen aspectos menos positivos. Debes utilizar estos comentarios para informarte de las razones por las cuales estos clientes están insatisfechos y, así, mejorar la calidad de tu producto o servicio.

Recomiendo los siguientes sitios para añadir información sobre tu negocio. Estos sitios son confiables y emplean sistemas de verificación para que solo personas autorizadas puedan hacer cambios a tus listados.

- *www.google.com/local/add/*
- *http://www.bing.com/businessportal/*
- *http://listings.local.yahoo.com*

La radiografía de tu sitio web: cómo conocer a tus clientes

Google Analytics es un servicio que mide y ofrece información sobre el comportamiento de la audiencia que visita tu sitio web. Con este servicio, puedes aprender muchas cosas interesantes sobre las personas que te visitan, y sobre cómo convertirlos en clientes más satisfechos y comprometidos. Ah… y casi olvidaba decir… ¡*Google Analytics* es gratis!

Para utilizarlo, necesitas crear una cuenta en www .google.com/analytics.

Allí registras tu sitio web, obtienes un código para colocar en tu página y, al día siguiente, ya comienzas a recibir datos sobre tu sitio.

Verás que puedes hacer un seguimiento del número de personas que visitan tu sitio web, cuánto tiempo pasan en él y de dónde provienen. También encontrarás información importante sobre las palabras clave que utilizan las personas para encontrar tu sitio a través de los motores de búsqueda, cuales son las páginas más populares de tu sitio, e incluso el tiempo promedio que cada lector pasa consultando tu página. En otras palabras, una radiografía de tu página web.

Si dedicas tiempo a analizar tu sitio web, serás capaz de ver qué funciona y qué no y, poco a poco, construirás un sitio más efectivo y útil para tus clientes.

Los keywords

Los *keywords,* o palabras clave, son los términos que se utilizan para encontrar tu sitio web en el Internet. No importa si tienes un restaurante mexicano en Chicago o una fábrica de pintura en Maryland, es importantísimo que comiences a utilizar el concepto de las palabras clave en todas tus interacciones en la Web. Este es el factor fundamental que utilizan los motores de búsqueda. Si tienes una fábrica de pintura, necesitas saber cuáles términos utilizan tus clientes para encontrar pintura para sus casas o negocios. Cada término especializado que usas en tu negocio es importante.

Por suerte, los motores de búsqueda utilizan sistemas que nos ayudan a encontrar estos *keywords* para que no nos volvamos locos. Las palabras clave son tan importantes que hay compañías que se especializan en encontrarlas. *Google* tiene una herramienta gratuita que puedes acceder para determinar cuáles son las palabras clave para tu producto o servicio en:

https://adwords.google.com/select/KeywordToolExternal

Solamente necesitas escribir las palabras clave que se te ocurran y, basándose en los millones de personas que hacen búsquedas en *Google,* el sistema te ofrecerá sugerencias de palabras clave que puedes utilizar. Además, el sistema te va a proveer el índice de competencia que tiene esta palabra clave, es decir la cantidad de personas que están compitiendo para ser los primeros en este resultado de búsqueda, así como el volumen de personas que la están buscando.

Los *keywords* son palabras solitarias, pero más importantes son los *keyphrases.* Los *keyphrases* o frases, son combinaciones de palabras clave que van a proveer el resultado que la persona está buscando. Por esto, para optimizar tu sitio, es importante que te pongas en los zapatos de tus clientes a la hora de escoger los *keywords* y *keyphrases.*

Los motores de búsqueda

Hay dos tipos de resultados en un típico motor de búsqueda: los resultados orgánicos y los resultados patrocinados. Los orgánicos son los que salen naturalmente en las primeras plazas de la búsqueda, debido a los algoritmos y la optimización del sitio. Normalmente los resultados orgánicos son los más confiados por el público y por eso son increíblemente importantes.

Los motores de búsqueda utilizan tres pasos fundamentales para que tu sitio aparezca en los resultados. Primero, estos motores rastrean el Internet como si fueran un perro de caza detrás de una pista. Cada vez que encuentran un enlace lo siguen. Cuando llegan al destino de este enlace, revisan el contenido de esa página y otros enlaces que pueden seguir y, así, utilizando sus motores de rastreo conocidos como arañas o *spiders,* pueden enterarse del contenido del sitio.

El proceso de rastreo es seguido por el de indexación, donde el motor de búsqueda procesa las páginas que detectó para crear un índice de la información recolectada. En el proceso de indexación, se consideran muchísimos factores por cada página que se añade al índice y se les asigna un valor basado en la calidad de esa página. Se toma en consideración desde el texto, la relevancia de las palabras clave, y hasta las etiquetas y atributos de las imágenes.

Por último, los motores de búsqueda publican sus resultados basándose en la relevancia para el usuario que está haciendo la búsqueda. Estos resultados van a ser organizados utilizando cientos de factores en ese momento determinado que incluyen la localización de la persona que está buscando, la relevancia de las palabras clave en el sitio, los enlaces pertinentes que incluyen esas palabras clave, el título de la página, el nombre del dominio y mucho más.

Tener una buena posición en la búsqueda orgánica es importante, ya que la mayoría de las personas solo hacen clic en los primeros resultados que proveen los motores de búsqueda. Si tu sitio no tiene una buena posición, es como si no existieras, ya que tus clientes no te pueden encontrar.

Para obtener información más detallada sobre la optimización para los motores de búsqueda visita: www.google .com/support/webmasters/bin/answer.py?hlrm=en&answer =35291.

Si quieres leerlo en español, navega hasta la parte inferior derecha de la página y allí encontrarás un menú donde puedes cambiar el idioma.

Si quieres hacerte un especialista en la materia, puedes visitar: www.google.com/support/webmasters/.

Para obtener información más detallada puedes consultar: www.google.es/webmasters/docs/guia_optimizacion _motores_busqueda.pdf.

Comprando los resultados de búsqueda

La búsqueda paga es el servicio que les genera la mayor parte de sus ganancias a los motores de búsqueda. Esta es la manera que está a tu disposición para aparecer, casi instantáneamente, en los resultados de una búsqueda por un término relevante a tu negocio. Por ejemplo, cuando alguien hace una búsqueda por el término "contador", si pagaste por esta palabra clave o *keyword,* tu anuncio aparecerá en la página de los resultados de búsqueda.

Los sistemas donde pagas por clic o por cantidad de impresiones, son maneras efectivas de comenzar a anunciar tu negocio casi inmediatamente. Solo necesitas tener un sitio adonde apuntar el anuncio y un poco de tu tiempo para crearlo. Estos anuncios pueden estar compuestos de texto, carteles estáticos o interactivos en una variedad de tamaños llamados *banners.*

El modo más popular para anunciarte en la Web es *Google AdWords*. *Google* utiliza un sofisticado sistema de subastas donde los compradores son los que determinan el precio que van a pagar por mostrar sus anuncios basados en palabras clave o combinaciones de las mismas. Para que tengas una idea de lo caro que puede ser obtener estas palabras clave, según la compañía de manejo de campañas WordStream, en el momento de escribir este libro la palabra *"insurance"* tenía un costo por clic de $54,91, *"loans"* costaba $44,28 y *"mortgage"* tenía un costo de $47,12.

De más está decir que estos son costos que solamente las compañías bien establecidas pueden incurrir, pero no te decepciones. Si utilizas este sistema y haces un buen trabajo investigativo de las palabras clave, puedes llevar a tu sitio tráfico de clientes potenciales gastando solo unos centavos por cada clic. Estos clics equivalen a personas que entran caminando a tu tienda, mercado o lugar de negocios, ahora solo te toca convencerlos de que compren algo o contraten tus servicios.

Mercadeo a través de correos electrónicos

El correo electrónico aún se encuentra entre las maneras más efectivas de mantenerte en contacto con tus clientes. Con el auge de las redes sociales, esta influencia se ha ido dispersando pero si quieres comunicarte de una manera fácil y directa con tu audiencia, no existe otro rival.

Enviar correos electrónicos a todos tus clientes individualmente puede ser un proceso trabajoso. Si tienes pocos contactos, es relativamente fácil porque puedes lograrlo utilizando tu programa de correo electrónico, pero cuando tu lista sobrepasa los 50 contactos, es más fácil y efectivo utilizar un sistema de envío masivo.

¿Por qué es importante tener un sistema de envío de correo electrónico masivo?

Los correos indeseados o *spam*, constituyen la mayoría de todos los correos enviados por Internet. Según la empresa de seguridad Websense, el 84 por ciento de todos los correos electrónicos que atraviesan la red son considerados *spam*. En nuestras cuentas de correo electrónico por lo general no nos damos cuenta que este es el caso, ya que la mayoría de estos correos indeseados son atrapados por filtros poderosos que residen en las empresas y proveedores de Internet. Estos filtros son muy sensibles y pueden ser activados simplemente debido al contenido de un correo electrónico. Si tu correo contiene ciertas palabras clave que son frecuentemente utilizadas por personas u organizaciones que envían correos no deseados, este puede ser bloqueado o reportado.

Los correos que son designados como no deseados o *spam* son enviados a listas negras para que los otros sitios en el Internet sepan cuáles son las cuentas, personas y organizaciones que están enviando *spam*. Una vez que te encuentres en estas listas es muy difícil salir de ellas. Esto quiere decir que tus mensajes futuros legítimos podrían ser enviados directamente a la carpeta de *spam* y tus mensajes dejarían de ser leídos por tus clientes. Por si esto fuera poco, hay una serie de leyes creadas para combatir el *spam* y si las violas, tú o tu empresa podrían enfrentar problemas legales.

Los servicios que se especializan en envío de correos electrónicos en masa conocen todos los procedimientos necesarios a seguir para que tu correo llegue a tus clientes.

Ellos tienen secciones en sus sitios web que explican todas las regulaciones existentes y te proveen los detalles necesarios para crear campañas efectivas y legales.

Los sistemas de envío de correo masivo más populares son *MailChimp* y *Constant Contact*. El sistema de *MailChimp* es gratis hasta los 2.000 subscriptores con un límite de 12.000 correos al mes en total y *Constant Contact* cobra 15 dólares al mes por su cuenta básica con 500 subscripciones y correos ilimitados, pero te ofrecen una prueba gratis de 60 días.

Con ellos, puedes crear boletines para tus clientes, comunicaciones, anuncios, especiales o cualquier promoción que se te ocurra. Para que tu correo masivo llegue a la bandeja de entrada de tus clientes, los sistemas de envío en masa verifican cuidadosamente tu correo antes de enviarlo y te informan si existe algún problema que pueda activar los filtros de *spam*.

Estos sistemas te ayudan a crear correos electrónicos o campañas de alta calidad, como si tuvieras un equipo de diseño trabajando para ti. Tu lista de clientes o subscriptores va a residir seguramente en los servidores de la empresa de envío masiva, lo que va a facilitar a tus clientes el proceso de subscribirse o anular la subscripción para que puedas tener una lista organizada y vigente.

Una vez que el correo es enviado, puedes acceder a reportes analíticos de quiénes abrieron el correo, hicieron clic en los enlaces que enviaste y muchos datos más.

En pocas palabras: 7 conceptos claves de este capítulo

• Hoy en día la promoción de tu producto, servicio o empresa en los medios tradicionales simplemente no es suficiente. Para promoverte con éxito en este nuevo mundo conectado, necesitas desarrollar un plan de mercadeo y crear una presencia en línea.

- Cada empresa debe tener en cuenta los siguientes elementos de mercadeo en línea: Presencia en la Web, optimización de los motores de búsqueda, campañas a través de correo electrónico, mercadeo en las redes sociales y campañas publicitarias en línea.

- Hay que tener mucho cuidado a la hora de escoger el nombre de tu dominio en el Internet. Este debe tener algún tipo de relación obvia contigo o con lo que haces para que tus clientes puedan crear una asociación mental con tu empresa.

- Hoy en día hay muchas versiones de sistemas de manejo de contenido pero los más populares son *Wordpress, Joomla!* y *Drupal:* tres plataformas poderosas que puedes utilizar para crear una fundación sólida para tu presencia en la Web.

- El código incluido es una manera fácil de añadirle funciones a tu sitio que residen en otras partes de la Web. De esta manera, puedes incorporar videos de *YouTube,* mapas de *Google,* fotos de *Flickr* y hasta formularios que puedes utilizar para recibir información de tus clientes.

- Un error común cometido por muchos pequeños negocios al crear su sitio web, es el de no percatarse que está destinado a servir a los clientes. El contenido de tu sitio debe tener un solo objetivo: proveer suficiente información para que un cliente potencial decida hacer negocios con tu empresa. Todos los otros objetivos son secundarios.

• Los componentes fundamentales de un sitio Web son sencillos pero frecuentemente olvidados: identificación, navegación clara y precisa, información sobre tu empresa, servicios o productos e información de contacto.

Recursos mencionados en este capítulo

Godaddy.com

Hay muchos sitios para registrar dominios pero el más popular y eficiente es *Godaddy.com*. Allí, puedes escribir el nombre que buscas y, si está disponible, no lo pienses dos veces y regístralo. A lo mejor a otra persona se le ocurre antes que a ti y terminas perdiéndolo.

Hosting

Hay cientos de miles de proveedores de *hosting* por Internet. Aquí te recomiendo algunos que ofrecen precios competitivos y son confiables: *Godady.com*, *Bluehost.com* y *1and1.com*.

Wordpress

Es el sistema de creación de blogs más popular del mundo. Hay dos versiones de *Wordpress:* la versión en línea para crear un blog sin tener que instalar programas ni añadir código, y la versión que puedes instalar en un servidor de una compañía de *hosting*.

Disqus

Está diseñado para facilitar los comentarios y a su vez aumentar el tráfico en tu sitio.

Tumblr y Posterous

Plataformas increíblemente fáciles de configurar y diseñar para un usuario que nunca ha tocado un blog en su vida y que permiten compartir contenido de otros sitios como parte de tus blogs.

Sitios de plantillas

Templatemonster.com, Rockettheme.com, WooThemes.com

Wufoo.com

Ofrece muchísimas opciones para construir formularios y plantillas.

WebsiteGrader.com

Sitio para generar un reporte gratuito que te indica cambios específicos que debes realizar para que tu sitio sea lo más exitoso posible en los motores de búsqueda.

Añade tu negocio a los mapas

- www.google.com/local/add/
- http://www.bing.com/businessportal/
- http://listings.local.yahoo.com/

Google Analytics

Servicio que mide y ofrece información sobre el comportamiento de la audiencia que visita tu sitio web. Con este servicio, puedes aprender muchas cosas interesantes sobre las personas que visitan tu página y cómo convertirlos en clientes más satisfechos y comprometidos.

Google Keywords

Google tiene una herramienta gratuita que puedes acceder para determinar cuáles son las palabras claves para tu producto o servicio en: https://adwords.google.com/select/KeywordToolExternal.

Motores de búsqueda

Para información más detallada sobre optimización para los motores de búsqueda visita: www.google.com/support/webmasters/bin/answer.py?hlrm=en&answer=35291.

Google AdWords

El modo más popular para anunciarte en la Web es *Google AdWords*. *Google* utiliza un sofisticado sistema de subastas donde los compradores son los que determinan el precio que van a pagar por mostrar sus anuncios.

MailChimp y Constant Contact

Sistemas de envío de correo masivo más populares. El sistema de *MailChimp* es gratis hasta los 2.000 subscriptores con un límite de 12.000 correos al mes en total y *Constant Contact* cobra 15 dólares al mes por su cuenta básica con 500 subscripciones y correos ilimitados, ofrecen una prueba gratis de 60 días.

Para más información, recursos y actualizaciones visita *http://www.libroelsalto.com.*

9

...

virtualízate

"Todos vivimos diariamente en ambientes virtuales definidos por nuestras ideas".
—MICHAEL CRICHTON

"Me gusta conectarme con personas en el mundo virtual, intercambiar pensamientos e ideas ya que, en el mundo real, nunca hubiéramos tenido la oportunidad de que nuestros caminos se cruzaran".
—DEMI MOORE

Cuando la firma Linden Labs creó el software *Second Life* en 1999, nadie podía imaginar las implicaciones que tendría esta tecnología. A finales del 2010, *Second Life* tenía más de 750 mil usuarios que se pasaron 105 millones de horas inmersos en este mundo virtual. ¿Qué estaban haciendo allí? Buena pregunta.

Después de bajar el software a tu computadora y entrar en el sitio de *Second Life* por primera vez, vas a llegar a la isla de bienvenida donde te explican cómo debes moverte, caminar, hablar, volar y hasta teleportarte, habilidades importantes que vas a necesitar en tu experiencia en este mundo virtual.

Los millones de usuarios que entran en este sitio están seducidos por la tentación de vivir en un mundo con posibilidades ilimitadas, donde puedes controlar casi completamente tu experiencia cibernética, algo que se vuelve mucho más difícil en la vida real.

En este mundo puedes viajar y explorar lugares exóticos como el castillo de Camelot, ciudades futuristas, o paraísos de la naturaleza virtual que están limitados solamente por tu imaginación y por el poder de procesamiento de tu tarjeta de gráficos.

En septiembre del 2009, Linden Labs, anunció que los 12 millones de residentes del mundo virtual habían realizado negocios entre sí alcanzando la modesta suma de 1.000 millones de dólares estadounidenses, y que los mismos habían pasado más de 1.000 millones de horas interactuando en *Second Life*. Esta última cifra equivale a 115.000 años de interacción virtual incluyendo todas las actividades disponibles, desde hacer negocios, asistir a reuniones, comprar y vender mercancías virtuales, construir propiedades y mucho más. Es decir, el equivalente a 40 millones de horas por mes.

En este mundo claramente activo, los residentes crean más de 250 mil artículos virtuales cada día sobre temas diversos. Visitan galerías de arte, asisten a seminarios, visitan clubs, bailan e interactúan con otros miembros y conversan mediante chats de voz. Este ambiente virtual en la tercera dimensión en un espacio donde las personas se reúnen en ambientes creados por ellos mismos para socializar, jugar, construir sus propios entornos virtuales y hasta comprar y vender sus creaciones digitales (productos tan variados como ropa hasta bienes raíces).

Parecería un juego pero cada día estos mundos virtuales son más serios. *Second Life* ofrece a las personas una plataforma para la creación; todo solo depende de ellos y de los recursos que tengan. En un mundo virtual puedes ser lo que quieras, ya sea un hombre lobo, un payaso o un ángel alado; te puedes vestir como quieras; y, por supuesto, puedes volar, algo que para lograrlo en el mundo real tuve que gastarme miles de dólares en clases de piloto.

Este mundo de fantasía no tiene límites a su crecimiento. En el año 2011, el área de terreno que ocupa *Second Life* en el mundo virtual es el equivalente al doble del tamaño de Hong Kong.

Cuando todas estas personas están en un lugar haciendo todas estas actividades, lo normal es que se cree una economía que controle transacciones entre los miembros que compran y venden estos bienes virtuales. El "dólar linden" es la moneda oficial de *Second Life* y en el último trimestre del 2010, se realizaron transacciones por más de 165 millones de dólares. En otras palabras, se trata de personas de carne y hueso usando dinero muy real, para comprar bienes que solo existen en este mundo virtual. Entre estos bienes podrías encontrar una espada con poderes mágicos, transportes voladores de último modelo y hasta castillos en el cielo con vistas exclusivas al mar y a las montañas virtuales.

En el gran esquema del Internet, esto no debe parecer mucho, pero vamos de todos modos a hacer los cálculos. Este fenómeno es el equivalente a un equipo formado por 13.000 personas que crean contenido diariamente. Si Linden Labs contratara a toda esta gente, le costaría alrededor de unos 1,3 billones de dólares al año. Pero, ¿qué hay de bueno en todo esto? En lugar de que Linden Labs contrate a toda esta gente, ocurre todo lo contrario: resulta que la gente le paga a Linden Labs para usar *Second Life*.

Me parece que existen lecciones que debemos aprender sobre cómo invertimos nuestro tiempo y dinero en los mundos virtuales, redes sociales y otros sitios que tienen el potencial de consumir grandes cantidades tanto de nuestro día laboral como de nuestro tiempo recreacional.

Pero si tienes planeado pasar gran parte de tu vida escapándote en los mundos virtuales, entonces... ¿Por qué no buscarle un ángulo que te produzca una entrada? En los próximos años surgirán nuevas maneras de gastar nuestro dinero para obtener bienes virtuales que no existen más que en el ciberespacio. Cinco centavos por aquí y diez centavos por allá... Sin darnos cuenta vamos gastando dinero en cosas que no existen. La industria de bienes virtuales como juegos, regalos, florecitas, tragos y postales virtuales está creciendo a la velocidad de un rayo y, según la firma de investigaciones Inside Network, se espera que en el año 2011 produzca una suma un poco mayor a los 2.000 millones de dólares.

Fallar barato

Estamos programados evolucionariamente para evitar el dolor. Si tocamos una estufa y está caliente, la vamos a evitar la próxima vez. Esta es la manera en la que desafortunadamente aprendemos muchas veces... a los golpes.

Esto no tiene que ser así en los negocios. Según la Agencia de Administración de Pequeñas Empresas de los Estados

Unidos, 8 de cada 10 negocios fallan en los primeros tres años de operación y una de las razones principales es la falta de dinero.

Si tuviéramos una bola de cristal sería más fácil, pero cuando estamos desarrollando un producto o servicio es importante que conservemos nuestros recursos para poder luchar otro día. Mientras más investiguemos y hagamos nuestra tarea, mejor preparados vamos a estar para lo que venga. ¿Cómo sabemos antes de crearlo si un producto o servicio va a ser un éxito en el mercado?

Un ejemplo interesante del uso de los mundos virtuales para esta misma función es la cadena hotelera Aloft, una marca de Starwood Hotels relativamente nueva. Se trata de un desarrollo colateral de la marca W Hotels, que está enfocada hacia un mercado joven, vibrante y afluente.

Al inicio, muchas de las marcas que se apresuraron para verse representadas en los mundos virtuales y las redes sociales no fueron bien recibidas, ya que no entendían estas plataformas. Aloft fue una de las organizaciones que construyó un hotel virtual en *Second Life* porque sus gerentes querían realizar una movida dirigida a crear interés entre el público joven conectado a las redes sociales. Para lograrlo, contrataron una empresa de construcción virtual y crearon una réplica lo más exacta posible al edificio planeado. Después de abrir sus puertas en el mundo virtual, se dieron cuenta de que estaban en presencia de un laboratorio viviente. Al observar los comentarios y hasta los movimientos de los participantes, notaron que necesitaban modificar características del diseño de los espacios públicos, habitaciones de huéspedes y exteriores, todo, en un rango que va desde la paleta de colores a emplear hasta la planificación del espacio.

Tras revisar todos los comentarios, realizaron cambios en el diseño real. Esto fue un resultado directo de la retroalimentación de los consumidores. Algunos de estos cambios incluyen la incorporación de radios en las duchas de las habitaciones, asientos adicionales en el vestíbulo, y más obras de arte en las áreas públicas.

¿Cuál es la lección que podemos aprender?

Aunque no tengamos los recursos de una empresa multinacional, podemos utilizar las herramientas tecnológicas que están a nuestro alcance para hacer crecer nuestro negocio. Este es un ejemplo de cómo una empresa multinacional estudió esta información e implementó cambios basados en ella, pero lo importante es comenzar a pensar en términos virtuales antes de comenzar a pensar en términos reales. Hacer una encuesta virtual, crear un prototipo rápido utilizando sitios como *Sculpteo.com* y recibir comentarios de tus amigos y conocidos en las redes virtuales cuesta muy poco, y puedes utilizar esta información para ahorrarte dinero antes de fabricar un producto o crear un servicio en el mundo real. Así, si no funciona, mantienes tus fondos para probar de nuevo otro día. Al final, la perseverancia es importante para triunfar en los negocios pero es más fácil perseverar con fondos para invertir.

La computación de nube

La computación de nube, conocida en inglés como *cloud computing*, es algo que parece más complicado de lo que es en realidad. Suena como algo fuera del alcance de los seres humanos, pero probablemente ya estás usándolo a diario sin sospecharlo. Simplemente, *cloud computing* quiere decir que, en vez de estar guardados en tu computadora, tus documentos ahora viven en el Internet.

El Internet nos ha permitido tener acceso a nuestra información desde cualquier lugar del mundo. ¿Por qué no guardar nuestra información en un lugar seguro, donde no la podemos dañar, y donde podemos tener acceso a ella en cualquier momento y desde cualquier lugar? Este proceso es la computación de nube y *Google* es un gran ejemplo de cómo funciona este sistema.

La tecnología de *Google* hace uso masivo de agrupaciones de computadoras interconectados entre sí, conocidas en inglés como *clusters* o grupos. Estos grupos en realidad consisten en computadoras relativamente poco costosas interconectadas unas con otras. Cuando una de ellas falla por cualquier motivo, la tarea es asignada a otra computadora hasta que el problema queda resuelto. Este proceso es casi instantáneo y el rendimiento alcanzado con esta configuración es muy alto.

Quizás te preguntes… ¿Cómo se aplica esto en mi caso? Estoy bien con mi computadora en casa. ¿Por qué tengo que preocuparme por "las nubes"? Sencillamente, quizás estás usando un porcentaje muy pequeño de la capacidad de tu equipo y, si se descompone, tendrás que lidiar con las consecuencias. Es decir, podrías perder en apenas un instante toda la información que tienes en tu computadora, y eso es muy, pero muy, inconveniente. Si tuvieras esa información organizada y albergada para tu uso en la nube esto no importaría, ya que lo único que necesitarías es acceder al sitio en línea de la nube a la cual estás inscrito, y toda la información almacenada allí estaría disponible de inmediato para ti.

Al utilizar estos sistemas, estarás subcontratando el mantenimiento de tu valiosa información a una entidad como *Google,* que es más capaz y tiene muchos más recursos. Esta inversión te ayudará a ser más productivo y a ahorrar mucho dinero en el proceso.

Virtualizando tu empresa

Pagar un alquiler comercial todos los meses no es fácil, sobre todo si eres dueño de un pequeño negocio que está comenzando y quieres ahorrar lo más posible. Al utilizar las nuevas tecnologías de nube, organizaciones de todos los tamaños se están ahorrando muchísimo dinero que no hubiera sido posible hace solo unos años.

Si deseas crear una empresa virtual, el primer elemento que necesitas es el teléfono. Es muy importante dar una buena impresión cuando te llama un cliente y tener solamente una máquina contestadora no es muy profesional. Para resolver este problema, puedes abrir una cuenta con *RingCentral.com* o *Phone.com,* donde puedes tener un número central, ya sea un número local o un número libre de tarifas como un número 1-800. Allí puedes configurar los celulares o teléfonos de las casas de tus empleados o asociados y, cuando llama el cliente, este escuchará una respuesta automática o un *Interactive Voice Response* (IVR, por sus siglas en inglés). Yo sé que lo has escuchado antes, "para español oprima el 1, para ventas, oprima el 2, etc". Lo que el cliente no sabe es que cuando aprieta el número 2 en el teclado de su teléfono, el sistema lo está conectando al celular de Juanito.

Además de tener un número donde tus clientes te puedan contactar, necesitas un sitio web y un correo electrónico con el nombre de tu negocio. Ya no hay excusas para no tener un sitio web y el dominio de tu compañía registrado. Ve a *Godaddy.com*, registra el nombre de tu empresa, y listo. Allí ofrecen varios paquetes para crear un sitio web baratísimo, o puedes hacer que instalen un sistema de manejo de contenido como *Wordpress* o *Joomla!* para que lo hagas tú mismo. Después puedes usar *Google Apps* (aplicaciones de *Google*) para crear el correo electrónico de tu empresa. El servicio es completamente gratuito para empresas con menos de 100 empleados. Así, en vez de que tu dirección de correo electrónico sea por ejemplo *fulano@yahoo.com*, esta será *fulano@elnombredetuempresa.com*, lo cual es mucho más profesional. Este sistema te provee también con una plataforma de calendario compartido, documentos, contactos y todas las herramientas para crear un sitio web básico gratis. Otros elementos que puedes utilizar incluyen sistemas básicos de contabilidad y un lugar seguro donde guardar tus archivos.

Aplicaciones en las nubes

Muchas veces el técnico en computación de tu empresa te dice algo que suena importante como: "Lo que necesitas es un servidor de intercambio (*Exchange Server*), para una mejor colaboración y un mejor servicio de correo electrónico". Pero como decía el famoso antropólogo Abraham Maslow: "Cuando la única herramienta que tienes es un martillo, tiendes a ver cada problema como un clavo", y en este caso es cierto. Si tienes una pequeña empresa de menos de 100 personas, no tiene ningún sentido tratar de organizar y albergar tu propio servidor de correo electrónico. Cuando te subes a este tren, todo es más caro al salir de la estación. Permíteme explicarte por qué.

Tienes el servidor de correo electrónico propio pero, naturalmente, ahora estas preocupado por el *spam* o sea, los correos basura que se filtran en tu sistema. Esto es un gran inconveniente y puede ser muy dañino para la imagen de tu empresa, por lo tanto, ahora necesitarás además una solución *anti-spam*. Por supuesto, la empresa que te vendió el servidor de correo electrónico no va a ser feliz hasta que logre también venderte una solución *anti-spam,* pues la que tiene el servidor de por sí, suele ser de segunda clase y tú no querrás que tus empleados se molesten con una gran cantidad de correo basura improductivo. Después de haber instalado el software en el servidor *anti-spam,* o mejor dicho, después de que el técnico en informática de turno te lo haya instalado, el *spam* entrará en un área protegida que no interferirá en tu negocio. Ambos se dan una palmadita en la espalda, y dices "¡misión cumplida!". Pero cuidado… No tan rápido…

¿Te olvidaste acaso de los virus y los troyanos y de todos los otros *malware*? ¿Qué pasaría si te entrará un virus y se propagará, desbaratando toda la información almacenada en el disco duro de la computadora de tu oficina? Inmediatamente llamarías a tu experto en computación y él te diría: "Sé que las computadoras de tu oficina tienen un anti-virus, pero también debes tener un anti-virus instalado en el servidor para examinar todo el correo que entra y sale". De repente, estás de acuerdo en comprar otro servicio más para proteger tu negocio y la red del servidor. ¿Quieres que continúe la historia? ¿Es necesario?

Debes estar en el negocio de hacer tu negocio y no tener que preocuparte por todo este balbuceo técnico. Es por esta razón que escribí este libro. Para ayudarte a ahorrar dinero y para que no seas víctima de estafas tecnológicas. Para los consultores en cualquier rama, muchas veces es beneficioso prolongar un problema, por eso yo te aconsejo evitarlo y mudarte a la nube.

Google Apps te puede ayudar a ahorrar mucho dinero y facilitar la gestión de tu empresa. Los servicios incluyen correo electrónico, documentos, hojas de cálculo y calendario electrónico, a través de aplicaciones en la nube proporcionada por *Google*. Si tienes menos de 100 direcciones de correo electrónico y no necesitas almacenar más de 7 GB de información (un montón de correos electrónicos), el servicio es gratuito. Si deseas tener más control o almacenar una mayor cantidad de información, solo necesitas pagar 50 dólares por usuario al año para avanzar al siguiente nivel.

Otro servicio que puedes utilizar es *Google Docs*. Con él podrás crear documentos básicos y utilizar varias funciones comunes como la formulación de listas con viñetas, ordenar por columnas, insertar tablas, imágenes, comentarios, fórmulas, cambiar fuentes, y mucho más. Este servicio también te permite exportar los archivos en línea a otras personas que los pueden consultar desde su computadora. Podrás compartir documentos con tan solo introducir el correo electrónico de la persona con la cual deseas trabajar y el software les enviará una invitación para trabajar en conjunto sobre un documento.

Un aspecto interesante de este servicio es que puedes tener a varias personas en diferentes partes de tu ciudad, o del mundo entero, editando el mismo documento en tiempo real. Incluso hay una pequeña pantalla en la que se puede discutir las revisiones y que muestra quien hizo qué.

El servicio también te permite organizar tus documentos en carpetas que se almacenarán de forma segura, ya que *Google* está debidamente protegido para enfrentar a los posibles cortes eléctricos, y tú no tienes que preocuparte por perder información, pues los documentos pueden auto-guardarse a sí mismos periódicamente.

Al mismo tiempo, puedes publicar tu documento como una página web y lo mejor de todo es que no necesitas ser un experto en informática para hacerlo. ¿No quieres compartir tus documentos con el mundo? No hay por qué preocuparse, puedes elegir quién tendrá acceso a cada documento y quién no.

El punto esencial es que si tienes un repositorio central para toda esta información, es más fácil compartir y colaborar, y no tienes que limitarte a la oficina. Tampoco tienes que iniciar la sesión utilizando una red privada virtual.

Con la edición gratuita de *Google Apps,* obtendrás:

- Una dirección de correo electrónico para tu empresa.
- Un calendario que puedes compartir con otros miembros de la empresa y en el que puedes señalar eventos tanto dentro como fuera de la misma.

Google Sites te permite crear sitios internos para tu empresa, o para los diferentes departamentos de tu empresa, para compartir información de acceso rápido y actualizado. Con este servicio, crear un sitio en equipo es tan fácil como editar un documento, y siempre puedes controlar quién tiene acceso a él. Puedes incluso publicar sitios de acceso público, ya que la aplicación *Google Sites* es accesible desde cualquier computadora conectada al Internet.

El sistema operativo en la nube

La fiebre de la nube es tan grande que hasta se ha creado un sistema operativo completo para este sistema al que puedes acceder con tu navegador de Internet. Así podrás instalar aplicaciones diseñadas para la Web junto a tus ficheros y otros servicios como tus redes sociales.

La nube es un término que comúnmente se utiliza para describir al Internet. Después de subir información al Internet, uno no sabe exactamente dónde se encuentra. Puede estar en un centro de datos en Las Vegas, Miami o Nueva York, pero para un usuario normal, esto no importa siempre que puedas acceder a tus documentos, archivos y ficheros.

Como el tráfico del Internet en los países desarrollados generalmente no es medido por los proveedores de conectividad y el costo del almacenamiento ha bajado exponencialmente, se está volviendo muy fácil poder acceder a grandes cantidades de espacio en el Internet para guardar lo que queramos. Si quieres almacenar archivos, el mejor lugar para hacerlo es la nube. Hay varios servicios que te proveen espacio para guardar los ficheros que necesitas y funcionan como un disco duro virtual que seguramente puedes acceder desde cualquier computadora con una conexión al Internet.

Uno de mis servicios favoritos es *Dropbox*. Lo puedes utilizar instalando un programa en tu computadora que sincroniza un archivo especial de tu computadora con su servicio en la nube. Los archivos o ficheros que coloques en *Dropbox* van a ser sincronizados como por arte de magia y, después que están en la nube, puedes accederlos desde otras computadoras o compartirlos con otras personas. Esto es especialmente útil para compartir ficheros de gran tamaño como videos, que son demasiado grandes para ser enviados por correo electrónico.

Una vez que tienes tu archivo en la nube, puedes hacer copias de tus ficheros importantes, música o la información que quieras proteger en caso de que tu computadora deje de funcionar por cualquier razón.

Hay otros sistemas que te ayudan a enviar ficheros o archivos que son muy grandes para enviar por correo electrónico como *Yousendit.com*. Una vez que subes el archivo, el destinatario recibe un enlace de donde puede bajar el archivo enviado. Este es un proceso fácil de utilizar que empleo a menudo si lo único que necesito es que el fichero llegue a su destino. En cambio, si quiero tener archivos y ficheros organizados para las operaciones de la empresa, entonces utilizo servicios más sofisticados como *Dropbox.com* y *Box.net*, que son más apropiados para organizar archivos en la nube.

Aplicaciones móviles para tu negocio

Las nuevas generaciones de teléfonos móviles inteligentes son en realidad computadoras portátiles, con las que, casualmente, puedes llamar por teléfono. Si tienes tu propio negocio y usas estos nuevos teléfonos, puedes agilizar tu operación a través de aplicaciones que aumentan la productividad. Estos simples programas son gratis o tienen un costo muy bajo comparado a los beneficios que te pueden aportar.

Las aplicaciones para los teléfonos móviles son extremadamente simples de instalar y utilizar. Han sido diseñadas con un sentido minimalista y desempeñan su función de manera simple, sin tener que tomar muchos pasos. Antes de instalar aplicaciones es importante aprovechar las funciones básicas que ya vienen con tu teléfono, como la capacidad de navegar el Internet y de mandar y recibir correos electrónicos. Si compras un teléfono inteligente, asegúrate de que te ayuden a configurarlo para que aproveches estas funciones a lo máximo.

Hay funciones fundamentales que necesitas para que tu teléfono inteligente se convierta en una oficina móvil, como la capacidad de leer y editar documentos. Una de mis aplicaciones favoritas se llama *Documents To Go*. Esta aplicación te permite ver documentos en formato Word y Excel y su versión básica es gratuita. Sin embargo, tendrás que pagar por la versión más sofisticada, que te permite ver y editar ficheros en Word, Excel, PowerPoint y hasta en el formato PDF.

Si trabajas frecuentemente con paquetes, puedes instalar una aplicación gratuita llamada *Package Tracking*, que te ayuda a rastrear paquetes de FedEx, UPS, DHL y el servicio postal de los Estados Unidos, entre otros. Solo tienes que seleccionar la empresa en una lista, entrar el número de rastreo y en un instante te dice por dónde anda tu paquete. Una función que me gustó de esta aplicación es que recuerda los números de rastreo que has utilizado anteriormente, que como sabes, pueden ser una combinación de letras y números raros, y que sería una tarea molesta tener que volver a escribirlos.

En pocas palabras: 7 conceptos claves de este capítulo

- Aunque no tengamos los recursos de una empresa multinacional, podemos utilizar las herramientas tecnológicas que están a nuestro alcance para hacer crecer nuestro negocio.
- Es importante pensar en términos virtuales antes de comenzar a pensar en términos reales para experimentar la viabilidad de un producto o servicio antes de lanzarlo al mercado.
- Utilizando los sistemas de computación en las nubes, o *cloud computing,* habrás de hecho subcontratado el mantenimiento de tu valiosa información a través de una entidad segura. Esta inversión te ayudará a ser más productivo y a ahorrar mucho dinero en el proceso.
- Si tienes una pequeña empresa de menos de 100 personas, no tiene ningún sentido tratar de organizar y albergar tu propio servidor de correo electrónico. Cuando te subes a este tren, todo es más caro al salir de la estación.
- Los servicios de *cloud computing* te proveen espacio para guardar los ficheros que necesites y funcionan como un disco duro virtual al que puedes acceder seguramente desde cualquier computadora con una conexión al Internet.

- *Google Apps* (aplicaciones de *Google*) te puede ayudar a ahorrar mucho dinero y facilitar la gestión de tu empresa a través de aplicaciones en la nube proporcionada por *Google*. Los servicios ofrecidos incluyen correo electrónico, documentos, hojas de cálculo y calendario electrónico.

- La función fundamental que necesitas para que tu teléfono inteligente se convierta en una oficina móvil es la capacidad de leer y editar documentos. Una de mis aplicaciones favoritas se llama *Documents To Go* y te permite ver documentos en formato Word y Excel. La versión básica es gratuita.

Recursos mencionados en este capítulo

Google Apps versión gratis, www.google.com/apps/ intl/en/group/index.html
A través de aplicaciones en la nube proporcionada por Google, ofrece servicios como correo electrónico, documentos, hojas de cálculo y calendario electrónico.

Sculpteo.com
Servicio de imprenta en 3D al que puedes enviar tus diseños para ser impresos en tres dimensiones. Puedes fabricar miniaturas, robots, modelos a escala y mucho más.

Google Docs
Parte de *Google Apps* que te ayuda a crear documentos básicos.

Google Sites
Permite crear sitios internos para tu empresa, o para los diferentes departamentos de tu empresa, para compartir información de acceso rápido y actualizado.

Yousendit.com
Servicio que te permite enviar ficheros o archivos que son muy grandes para enviar por correo electrónico.

Documents To Go, www.dataviz.com/products/ documentstogo/android/
Aplicación para leer y editar documentos en tu teléfono móvil.

Dropbox.com
Servicio de almacenamiento en la nube que sincroniza a tus ficheros con la nube para poder accederlos desde otras computadoras o compartirlos con otras personas.

Para más información, recursos y actualizaciones visita *http://www.libroelsalto.com*.

10
...
protégete

"Si le revelas tus secretos al viento, no debes culpar al viento por revelárselo a los árboles".   —KAHLIL GIBRAN

"La sabiduría consiste en poder distinguir entre los peligros y seleccionar el menos dañino".   —NICCOLÒ MACHIAVELLI

Este es el capítulo del miedo. Lo dejé para el final para que pudieras aprovechar los otros recursos antes de asustarte. No puedes dar *el salto* si no tienes cuidado de dónde vas a caer. Es importante que utilices las nuevas tecnologías para proteger tu privacidad y la de tus hijos, familia, amigos y colegas.

Según los expertos, un sistema de seguridad es como una cadena y esta cadena es solamente tan fuerte como su eslabón más débil. Si tomas todas las precauciones que vamos a discutir en este capítulo y no le enseñas a tu familia y a tu círculo de amigos cómo aprovecharlas, será prácticamente una pérdida de tiempo pues ellos se convertirán en el eslabón más débil de tu cadena de protección.

Protegiéndote en las redes sociales

En 1999, Josh Harris, un excéntrico millonario que acumuló su fortuna en el mundo de la tecnología, decidió realizar un experimento social durante un mes.

En el sótano de un viejo edificio de Nueva York, creó un hotel de "cápsulas", parecido a un campo de concentración, donde los huéspedes dormían en unas minúsculas camas construidas en dos niveles pegadas unas a las otras. Todas las cápsulas contaban con una cámara de video y un televisor. Lo que captaba la cámara en cada cápsula se convertía en un canal de televisión que todos los huéspedes del hotel podían sintonizar y compartir.

Repleto de cámaras por todos lados, el hotel experimental representaba la invasión de privacidad total. Nada de lo que hacían los huéspedes era privado, hasta los baños estaban monitoreados por estas cámaras 24 horas al día.

Más de cien participantes en el experimento fueron encerrados voluntariamente en estos *bunkers*. Vestían uniformes idénticos mientras las cámaras los filmaban comiendo, durmiendo, socializando, haciendo el amor, utilizando el baño.

El objetivo era de crear una comunidad del futuro, una sociedad totalmente conectada donde el único entretenimiento era observar lo que otras personas hacían.

Privados de todo tipo de libertad y dignidad, vigilados como ratas en un cruel experimento de laboratorio, los participantes se convirtieron en esbirros de ellos mismos; delatando y violando la privacidad de todos los demás, y a la vez, tratando de llamar la atención del grupo a sus propios logros y hazañas.

El famoso pintor Andy Warhol declaró que en el futuro, cada individuo del planeta sería famoso, pero solo por 15 minutos... Todos seríamos singularmente iguales ante la fama efímera. Este fenómeno ya existe. Harris afirmó que con las redes sociales, todos buscamos lograr nuestros "15 minutos de fama", pero ahora deseamos tener esa fama a diario.

Yo pienso que nos hemos convertido en miembros del macabro experimento de Josh Harris, pues los resultados de su estudio son un indicio de la realidad que estamos viviendo en la era digital: una sociedad donde las personas están dispuestas a todo por tener unos minutos de supuesta fama delante de las cámaras que están rodando las 24 horas del día. La presión social que genera ver a tus amistades compartiendo sus vidas íntimas, desde lo que desayunan hasta el estado de sus relaciones íntimas, es increíblemente grande y, al final, no creo que sea nada bueno.

Es importante que aclaremos que el contenido que subes a las redes sociales deja de ser tuyo. Ahora pertenece a las redes sociales, ya se trate de *Facebook, Twitter, Google+, LinkedIn* o cualquier otra. Aunque la ilusión de privacidad es muy poderosa, y estos sitios parecen ser inocentes pues indican que su única meta es conectarte con tus amigos o ayudarte a hacer nuevos contactos virtuales que supuestamente serán beneficiosos para ti, piénsalo nuevamente.

Si tu información ha sido digitalizada de alguna manera, en otras palabras, si alguien ha ingresado tus datos en una computadora, corres el riesgo de que esta información sea diseminada sin tu permiso.

En la galaxia espacial existe un fenómeno llamado agujero negro que, según la teoría de la relatividad de Einstein, es un lugar con una fuerza de gravedad y una masa tan grande que ni siquiera la luz puede escaparlo. En mi opinión, este es el efecto que las redes sociales están teniendo en la Web. Con miles de millones de usuarios mundialmente, estos sitios son los lugares privilegiados en que la mayoría de los navegantes del Internet pasan su tiempo hoy en día.

Como dice el gurú digital Jaron Lanier: "Las páginas web individuales como aparecieron en los 90 tenían el sabor personal de su creador. *MySpace* conservó una parte de ese sabor aunque el proceso de formateo regularizado ya había comenzado. *Facebook* fue más lejos organizando a las personas en identidades con opciones múltiples [...] Si una iglesia o gobierno estuviera haciendo estas cosas se sentiría como un abuso autoritario, pero cuando los tecnólogos son los culpables, parecemos inventivos. Las personas aceptan ideas presentadas en forma tecnológica que serían inaceptables en otra forma".

Para evitar la invasión de tu privacidad, realizada además con tu propio consentimiento, las reglas son muy sencillas y fáciles de seguir.

Si quieres que algo sea privado, no lo publiques en el Internet. Una vez que esté publicado dejó de ser tuyo. Puede ser copiado, reproducido eternamente y hasta utilizado para promover productos de consumo y mercadeo, donde tus preferencias y gustos, que has compartido libremente, son el objetivo de campañas publicitarias o de manipulación por parte de personas que no están autorizadas para obtener tu información personal e identificable.

Pero, ¿qué es la información personal identificable y por qué es tan importante? Estos son los datos que pueden ser utilizados para identificar a tu persona donde quiera que estés en el mundo; información personal como lugar de nacimiento, nombres de tus padres, número de pasaporte o de seguro social, números de tarjetas de crédito, etc. Debes guardar esta información bajo siete llaves, como si fuera un tesoro, porque con ella te pueden robar la identidad y hasta vaciarte la cuenta del banco.

Protegiendo tu privacidad en las redes sociales

Los controles que tienen las redes sociales para proteger tu privacidad no son más nada que una máscara para indicarte que están haciendo lo posible por protegerte. La verdad es que ellos tienen buenas intenciones, pero es imposible poder controlar todas las cuentas. Estos sistemas son increíblemente complejos y es imposible predecir si tu mejor amigo o compañero de trabajo es el que va a copiar esa foto tuya en una pose embarazosa y distribuirla por otros medios.

Facebook tiene grupos que puedes utilizar para controlar la información que compartes y puedes configurarlo visitando www.facebook.com/privacy. Allí, puedes ver las opciones de privacidad disponibles para el tipo de información que publicas como tus fotos, información personal, información sobre tu familia y relaciones, cumpleaños, etc., y tienes la opción de configurar si quieres compartir esos datos con los siguientes grupos:

- Todos: Si utilizas esta opción, el mundo entero puede ver lo que publicas
- Amigos: Solo tus amigos pueden ver lo que publicas
- Amigos de Amigos: Tus amigos y los amigos de tus amigos también pueden ver lo que públicas
- Otros: Este es un misterio para mí. En la serie de televisión *Lost*, este era el otro grupo de personas que habitaba en la isla mágica. En *Facebook*, quiere decir que hiciste configuraciones específicas que difieren de las establecidas.

Para proteger tu información y la de tu familia, es importante que controles tus amistades. Estas son las personas que pueden tener acceso a lo que publicas y, si tratas de conectarte con todo el mundo, vas a perder el control. Si tienes la necesidad de conectarte con muchas personas puedes utilizar una función de *Facebook* llamada listas. Por ejemplo, al crear listas de amigos y conocidos, puedes configurar y filtrar el tipo de actividades o publicaciones que pueden ver.

En las palabras de *Facebook:* "Existen riesgos inherentes a compartir información. Aunque te permitimos definir opciones de privacidad que limitan el acceso a tu información, ten en cuenta que ninguna medida de seguridad es perfecta ni impenetrable. No podemos controlar las acciones de otros usuarios con los que compartas información. No podemos garantizar que sólo vean tu información personas autorizadas. No podemos garantizar que la información que compartas en *Facebook* no pase a estar disponible públicamente. No somos responsables si algún tercero burla alguna configuración de la privacidad o medidas de seguridad de *Facebook*".

Al final, tú eres responsable de la información que compartes en estos sitios. Para tener un verdadero control sobre tu contenido en las redes sociales, sencillamente no publiques ninguna información que te pueda poner en riesgo.

Robo de identidad

El robo de identidad es un fenómeno que se hizo popular en la primera década de este siglo. Con el crecimiento del Internet y de la información que se maneja digitalmente, es lógico que los bandidos se aprovecharan de las personas sin conocimiento en esta área. Ya sea realizado por *hackers* profesionales o personas sin escrúpulos tratando de robar dinero, el robo de identidad es un delito que puedes tratar de evitar, aunque jamás podrás controlarlo completamente. ¿Por qué no? Porque si tu banco tiene toda tu información personal y no sabe cuidarla, te está poniendo en riesgo y tú no tienes una bola de cristal para saber si tu banco tiene o no la seguridad apropiada. Todas las grandes instituciones hacen un gran esfuerzo para convencer a sus usuarios de que tienen un excelente sistema de seguridad, pero te garantizo que este no es el caso.

Por eso, vamos a hablar de los factores que sí puedes controlar y que te ayudarán a protegerte. Lo primero que necesitas hacer es proteger tu información personal.

Uno de los delitos más fáciles de cometer por los ladrones de identidad es el "buceo" en los latones de basura. Le dicen así porque los bandidos buscan en la basura para ver si encuentran documentos privados tuyos que pueden usar en tu contra. Por eso es muy importante triturar estos documentos, preferiblemente con una trituradora de papel que los corte en trocitos prácticamente imposibles de volver a armar.

Tu información personal, como su nombre lo indica, es única y exclusivamente tuya. Por eso siempre debes cuestionar cuando alguna empresa te pide tu número de seguro social u otra información que te identifique. Muchas veces, lo hacen simplemente porque es un procedimiento burocrático, y no porque de verdad la necesiten. Recientemente estaba ordenando un servicio de cable y me pidieron mi número de seguro social para abrir la cuenta. Les dije rotundamente que no. Esa no es información indispensable para proveerme el servicio. Exigí hablar con el gerente, y por supuesto, este aceptó proveerme el servicio simplemente con mi número de tarjeta de crédito. La diferencia es que la tarjeta de crédito puede ser cancelada cuando quieras si tienes alguna sospecha, pero tu número de seguro social es permanente y si hay alguna dificultad puedes pasar muchísimo trabajo para resolver el problema.

Para proteger tus datos en línea, tus palabras clave o *passwords* deben tener un cierto nivel de complejidad. No utilices el nombre de tus hijos, familia, mascota, o alguna expresión fácilmente reconocible. Asegúrate que estés utilizando una mezcla de letras mayúsculas y minúsculas, además de añadir números y caracteres especiales (punto de interrogación, señal de porcentaje, etc.) ¿Por qué? Porque uno de los ataques más frecuentes contra las palabras clave consiste en utilizar nombres y palabras de uso común para lograr acceso a las cuentas privadas.

La primera impresión que tienen muchas personas cuando se trata de crear contraseñas seguras es que no las van a poder memorizar. Pero te voy a indicar varios trucos sencillos que te permitirán proteger tu información, y recordarla.

Usa un patrón en el teclado. Traza una figura en el teclado; ya sea un cuadrado, triángulo o cualquier forma que te parezca útil. Si recuerdas de esta forma, te darás cuenta de que las letras y números que la componen no tienen sentido, y por lo tanto, crean una palabra clave más segura. Por ejemplo, puedes trazar un cuadrado en el teclado, comenzando desde la letra z, subiendo hasta el número 1 y bajando hasta la letra x en la columna adyacente. Con este procedimiento tendrás la palabra clave: *zaq12wsx*.

Otra técnica común es construir tu palabra clave usando el nombre de algo y cambiándolo para que sea difícil de identificar. Por ejemplo, "el castillo del morro" se puede convertir en *ElC@sti110delMorr0,* una contraseña relativamente fácil de recordar pero prácticamente imposible de romper.

Siempre mantente al tanto de tus cuentas para asegurarte que no les hicieron ningún cargo fraudulento y, si vez algo sospechoso, repórtalo inmediatamente a las autoridades y a la institución que tiene esa cuenta. Si piensas que tu identidad pudo haber sido robada, visita www.ftc.gov/robodeidentidad, un sitio seguro del gobierno federal, y sigue las instrucciones para reportar el fraude.

Phishing

El *phishing* es un ataque contra tu privacidad realizado con guantes de seda. Utiliza técnicas de ingeniería del comportamiento humano que despiertan nuestros instintos de ambición o de protección.

El objetivo del *phishing* es hacerte creer que el bandido que te está pidiendo la información es una fuente confiable. Uno de los métodos favoritos que utilizan los *phishers* es el correo electrónico. Estos correos están disfrazados y parece que provinieran de instituciones serias como bancos, centros médicos y hasta agencias del gobierno. ¿Qué tienen en común? Que todos de una manera u otra piden información personal que no deberías compartir con nadie.

Estos mensajes vienen comúnmente con alertas que te hacen reaccionar inmediatamente, como por ejemplo indicando que tu cuenta de banco ha sido comprometida por delincuentes y necesitas poner tu información en el enlace para saber si eres una de las personas afectadas. Estos mensajes van a pedirte información como tu número de seguro social, los números de tus tarjetas de crédito, cuentas de banco, dirección, fecha de nacimiento, lugar de trabajo y mucho más.

Lo más peligroso de estos mensajes son los enlaces que contienen. Si abres el anexo o haces clic en el enlace, pueden instalar programas espía en tu computadora para robarte tu información. Nunca debes abrir ni hacer clic en ningún enlace de un correo electrónico que te parezca sospechoso. Los bancos, las agencias del gobierno y otras instituciones serias nunca te van a pedir información personal por correo electrónico.

El antivirus

Proteger tu computadora es fácil y generalmente lo hacemos al principio pero, después de un tiempo, las subscripciones a los servicios de antivirus caducan y dejan de ser actualizados con la información de los últimos virus. Tener un antivirus instalado pero no actualizado es como tener un equipo de fútbol donde el portero es ciego, manco y tiene artritis.

Lo mismo se aplica a los parches del sistema operativo, por ejemplo, el ícono en tu barra de tareas que indica que tienes varias actualizaciones que instalar. No importa el sistema operativo que uses, es importante que lo mantengas al día. Los *hackers* o bandidos cibernéticos se aprovechan de las vulnerabilidades que van encontrando en los sistemas. Como todos estos programas son escritos por humanos de carne y hueso, inevitablemente contienen errores que pueden ser explotados.

El sentido común es el mejor aliado para mantenerte protegido. Si luce sospechoso, probablemente lo es. Si un sitio web de pronto te muestra una ventana indicándote que estás en riesgo, ciérralo con confianza que probablemente es un ataque.

Parece mentira que a estas alturas todavía estemos hablando de los dichosos antivirus. Con todos los años de evolución de los sistemas operativos, parecería que ya fuera hora de que ellos mismos se encargaran de mantener al margen a los malhechores, pero este no es el caso. Aún es tu responsabilidad proteger tu computadora de los virus, troyanos y programas espías.

Los agrupo a todos porque básicamente todos tienen la misma función: hacerte la vida imposible. Estos programas se pueden instalar ilícitamente en tu computadora cuando visitas sitios no confiables o cuando los *hackers* toman el control de sitios de buena reputación y comienzan a distribuir su código. También se pueden instalar en tu computadora al abrir documentos anexos (*attachments*) enviados por correo electrónico, bajando un fichero de una computadora infectada, o sencillamente si estás conectado a una red sin tener la protección adecuada.

Las consecuencias de tener tu computadora infectada van desde perder tu información privada hasta ser parte de ataques sincronizados controlados a través del Internet. En este caso cientos de miles de máquinas son utilizadas para atacar sitios web o empresas designadas como objetivo por los *hackers*.

Por eso hay que tener un antivirus instalado, así de sencillo. Sin preguntas.

Este antivirus necesita estar al día ya que un antivirus viejo es el equivalente a tratar de agarrar a los terroristas de hoy con una lista de hace veinte años. Los virus van evolucionando y todos los días se lanzan nuevas variantes y versiones. Tu antivirus necesita poder reconocer y contrarrestar a los virus sueltos y salvajes en este momento para poder protegerte. Esto es posible gracias a que las compañías de antivirus tienen centros de investigación donde descubren nuevos virus para poder crear las actualizaciones que permiten reconocerlos. Este servicio indispensable cuesta dinero y, por eso, las compañías de antivirus te cobran una subscripción anual.

Hay varias compañías que proveen una versión básica y hasta versiones completas de antivirus completamente gratis, como *ABG, Avast* o *Avira*. En muchos casos lo hacen para poder estar instalados en tu computadora por un periodo de tiempo limitado y después intentar convencerte a utilizar la versión paga. En otros casos, como con los antivirus de fuente abierta, el producto es completamente gratis, pero no existen muchas garantías y es difícil conseguir soporte técnico en caso de algún problema con el software.

La importancia de hacer respaldos

Si utilizas tu computadora para jugar y no tienes ninguna información valiosa en ella... ignora esta sección. Por lo general puedes salir de este problema haciendo una rápida reinstalación, cambiando el disco duro o simplemente comprando una nueva computadora.

Ahora, si posees información valiosa en tu ordenador, sean fotos de tu familia o documentos, y no les haces una copia de seguridad... entonces, te estás sometiendo a un riesgo innecesario.

Si te dicen que tu casa u oficina va a ser destruida mañana, ¿tratarías de salvar algunas cosas? La mayoría de las personas diría que sí. El problema con la computadora es que nadie piensa que va a estar entre los infortunados... hasta que pasa. ¿Te quieres ahorrar un gran dolor de cabeza y preocupación sobre lo que has perdido? A continuación te explico algunas soluciones rápidas.

Consíguete un disco duro externo. Los discos duros externos son muy baratos hoy en día y puedes usarlos fácilmente para hacer copias de seguridad de tus archivos cada vez que te apetezca. En el mundo de las grandes empresas, las copias de seguridad son de estricto cumplimiento, ya que estas compañías pueden perder grandes cantidades de dinero si sus sistemas fallan.

Como individuo o pequeño empresario, también puedes

percatarte de que el hecho de no tener copias de seguridad puede ser fatal para tu negocio.

Uno de los usos más subestimados de una copia de seguridad no es cuando el equipo falla, sino cuando sucede algo más simple pero igual de siniestro... el "sobre escritura". Esto sucede cuando guardas un archivo con el mismo nombre de otro. Las sobre escrituras son básicamente irrecuperables, puesto que por error colocaste el mismo nombre a un archivo viejo o no relacionado con este y ahora estas frito.

Otro punto que molesta a la gente son los horarios de las copias de seguridad. No te preocupes tanto por los horarios, sino hazte esta simple pregunta: ¿Cuál es la información que tengo en mi computadora que sería doloroso, costoso o inconveniente perder?

La segunda pregunta es la siguiente: ¿Cuánto tiempo debo esperar entre una copia de seguridad y otra para no volverme loco en caso de que mi ordenador se bloquee? Después de decidir la opción que mejor te conviene, puedes configurar tu software para ese intervalo de tiempo, sea mensualmente, semanalmente o a diario.

Si no tienes el software para hacer copias de seguridad puedes utilizar el servicio de *backup* en línea *Carbonite.com*, que te ofrece el software que necesitas y respalda tus datos en el Internet. También puedes utilizar alternativas como *Box.net* y *Dropbox.com* para guardar tus ficheros importantes.

Navega con seguridad

Cuando abres tu navegador, verás la dirección en la barra superior del sitio que estás visitando y normalmente encontrarás las letras http://. Esto quiere decir que estás navegando un sitio confiable y no necesitas seguridad adicional porque no estás intercambiando ninguna información con él.

Si estás haciendo una transacción y, sobre todo, si tienes que compartir alguna de tu información personal, esta barra debe comenzar con las letras *https://*. Esto indica que estás estableciendo una conexión segura con el sitio y que todos los datos que estás enviando están siendo cifrados por un algoritmo de seguridad. Esta *"s"* al final en el *"https"* protege toda la información que estás enviando y no podrá ser interceptada.

Esto es importante sobre todo cuando estás en una red pública, como por ejemplo conectado a un punto de acceso Wi-Fi en un café. En estos sitios, todo el mundo está compartiendo la misma red y es posible que alguien lo esté monitoreando. Si estás enviando tu información sin que esta sea cifrada, pueden robársela y acceder a tus cuentas.

¿Qué hacer al reciclar tu computadora?

Existen datos que se guardan en tu computadora que no querrás compartir con el mundo. Me refiero a información personal, bancaria, documentos del trabajo, registros financieros y hasta poemas o cuentos que has escrito. Esta es una lista interminable, pero vamos al grano.

Cuando guardas esta información en tu computadora y llegó la hora de reciclarla porque te compraste una nueva o quieres cambiar el disco duro por uno más grande, puede suceder que tu información privada se encuentre disponible para otros usuarios. Esto puede resultar en el robo de tu identidad. ¿Por qué?

Muy simple… Cuándo borras estos archivos de tu disco duro usando el método tradicional, que es echarlos a la basura o *recycle bin* y después vaciarlo, esto no borra el fichero de tu disco, solo borra una parte pequeña del archivo. El fichero principal permanece en tu disco hasta que otro fichero o archivo lo reemplace. Por eso los técnicos forenses de computadoras no pasan mucho trabajo para encontrar información que incrimina a los delincuentes. Solo necesitan usar una simple herramienta para recuperar archivos.

Afortunadamente, existe un programa llamado *Eraser* que se encarga de borrar tu disco completa y seguramente antes de que estés listo para reciclarlo. Este programa es fácil de utilizar y, además, es completamente gratuito. Al utilizar este programa, puedes asegurarte de que tu información no va a terminar en manos inadecuadas.

En pocas palabras: 7 conceptos claves de este capítulo

- Si quieres que algo sea privado, no lo publiques en el Internet.
- *Facebook* tiene grupos que puedes utilizar para controlar la información que compartes y puedes configurarlo visitando www.facebook.com/privacy.
- Asegúrate de tener un antivirus que esté al día con las últimas actualizaciones para que pueda reconocer y protegerte de la mayor cantidad de ataques posible.
- Nunca debes abrir ni hacer clic en ningún enlace de un correo electrónico que te parezca sospechoso. Los ban-

cos, las agencias de gobierno y otras instituciones serias nunca te van a pedir información personal por correo electrónico.

- Si posees alguna información valiosa en tu ordenador, sean fotos de tu familia o documentos, y no les haces una copia de seguridad o *backup* te estás sometiendo a un riesgo innecesario.
- Cuando realices una transacción, sobre todo si tienes que compartir información personal, la dirección en la barra indicadora del sitio web debe comenzar con las letras *https://*.
- Utiliza el programa *Eraser* para borrar tu disco duro completa y seguramente antes de que estés listo para reciclarlo.

Recursos mencionados en este capítulo

Consumidor informado
Puedes recurrir a la Comisión Federal de Comercio (FTC) para convertirte en un consumidor informado: www.ftc.gov/bcp/edu/microsites/reachout/espanol/readup .htm.

Robo de identidad
Si sospechas que tu identidad pudo haber sido robada visita: www.ftc.gov/robodeidentidad.

Carbonite.com
Servicio de respaldo para tus datos en línea.

Box.net y Dropbox.com

Servicio de almacenamiento en la nube que sincroniza tus ficheros con la nube para poder accederlos desde otras computadoras o compartirlos con otras personas.

Eraser, http://eraser.heidi.ie/

Programa que se encarga de borrar tu disco completa y seguramente antes de que estés listo para reciclarlo.

Para más información, recursos y actualizaciones visita *http://www.libroelsalto.com*.

epílogo
• •

Bueno, pensaste que no ibas a terminar este libro pero ya estás aquí. ¡Lo lograste! ¡Felicidades!

Ahora, utiliza todo lo que has aprendido como palanca para dar tu salto personal. Como en todo, vas a enfrentar obstáculos que están fuera de tu control. Déjame ilustrártelo con el último ejemplo.

Los catedráticos Gary Hamel y C. K. Prahalad nos narran un experimento muy interesante en su libro *Compitiendo por el futuro* (*Competing for the Future*).

Un grupo de científicos encerraron a cuatro monos en una jaula con un poste en el centro. En el tope del poste colocaron un racimo de plátanos. Para llegar a los plátanos, los monos tenían que trepar el poste...pero había un truco. Cuando los monos estaban llegando al tope, eran bañados súbitamente con una ducha de agua fría que les caía del poste.

Un mono trató primero de subirse al poste, el otro después, y cada vez que lo intentaron, tuvieron el mismo resultado... hasta que se dieron por vencidos. Entonces, los científicos apagaron la ducha de agua fría y no la volvieron a encender.

Como próximo paso en su experimento, reemplazaron a uno de los monos. Este inmediatamente trató de subir al poste para comerse los plátanos, pero los otros tres lo halaron hacia abajo y no lo dejaron subir, ya que habían sido condicionados a evadir el castigo del chorro de agua.

Así, los científicos fueron reemplazando a los monos uno por uno, hasta que no quedó ninguno del grupo inicial que había sido físicamente castigado con el agua fría. Sin embargo, el panorama no cambió, ninguno se atrevía a trepar el poste para comerse los plátanos. Estaban a su alcance y podían subir a buscarlos sin ningún tipo de peligro o castigo, pero los monos se impedían a sí mismos, aunque ninguno sabía por qué.

¿Cuál es la moraleja de esta historia?

El experimento logró que estos monos trataran de evitar el riesgo, convirtiéndolos en animales indefensos e incapaces de perseverar. Sin embargo, en la vida, la perseverancia es una de las cualidades que te hará triunfar más que ninguna otra.

Comienza a cuestionar y preguntar por qué. A veces nos dejamos influenciar por los demás, no creemos en nuestras habilidades o pensamos que no tenemos los recursos para lograr nuestros sueños. Si alguien ha probado abrir un negocio o ir a la escuela y fracasó en este proceso, no te dejes influenciar porque ellos recibieron el chorro de agua fría. Ocho de cada diez negocios fallan en los primeros tres años después de su creación y un gran número de personas que desean estudiar terminan sin graduarse. Esto no quiere decir que tú no vayas a poder lograr tus sueños si te lo propones.

Saca tus propias conclusiones y aprende a aprovechar las tecnologías que te presento en este libro, así como muchas otras que conocerás. No te dejes arrastrar hacia abajo por nadie que no tenga suficiente visión para poder ver el cielo.

Haz un plan. Tú puedes lograr lo que te propongas... pero primero necesitas proponerte algo. Define tu propósito y el camino se te abrirá, pero necesitas empezar a conquistar tus metas una a una. El momento para comenzar es ahora.

No existen atajos para lograr lo que te propones. Un libro bestseller popular de la década pasada decía que el secreto para el éxito era simplemente pedir, creer y recibir. Después de eso, tuvimos la crisis financiera que dejó sin trabajo a millones, desastres naturales que devastaron a poblaciones enteras, el mercado de los bienes raíces que se desplomó y muchas crisis más.

Te propongo que el único camino al éxito es a través del estudio, el trabajo, el sacrificio y la perseverancia, pero estos consejos no serían parte del título más vendido porque muchas personas prefieren el camino fácil.

Si llegas primero, no te olvides de los demás. El mundo será mejor si aprendemos a compartir nuestros conocimientos con las personas que más lo necesitan. Este libro es mi humilde esfuerzo de hacerlo. Espero que compartas lo que has aprendido con tus amigos y familiares. No subestimes el impacto positivo que puedes tener en los demás. Enseñar es una de las mejores maneras de aprender. No pierdas nunca esa oportunidad.

Atrévete a dar *el salto*. No hay tiempo que perder.

Ariel Coro
Febrero 2012
Miami, FL